Die schönsten Kinderklassiker zum Vorlesen

Der kleine Prinz

Der Wind in den Weiden

Peterchens Mondfahrt

gondolino

Bisher erschienen:

Die schönsten Kinderklassiker zum Vorlesen:

Band 1: Der Zauberer von Oz, Pinocchio, Alice im Wunderland
Band 2: Peter Pan, Nils Holgersson, Der kleine Lord
Band 3: Das Dschungelbuch, Oliver Twist, Gullivers Reisen
Band 4: Heidi, Prinzessin Sara, Der geheime Garten
Band 5: Der kleine Prinz, Der Wind in den Weiden,
Peterchens Mondfahrt

ISBN 978-3-8112-3383-6
1. Auflage 2016
© gondolino GmbH, Bindlach 2016
Text: *Der kleine Prinz* und *Der Wind in den Weiden* nacherzählt von Svenja Nick
Peterchens Mondfahrt nacherzählt von Olga Poljakowa
Illustrationen Seiten 10 und 13, schwarzweiß-Illustration Seite 11: Antoine de Saint-Exupéry
Illustrationen: Milada Krautmann
Umschlaggestaltung: Vanessa Braun
Printed in Poland

Der Umwelt zuliebe gedruckt auf chlorfrei gebleichtem Papier.

www.gondolino.de

Inhalt

Antoine de Saint-Exupéry

Der kleine Prinz

Warum ich Pilot geworden bin

Als ich sechs Jahre alt war, sah ich einmal in einem Buch über den Urwald ein wunderschönes Bild. Es zeigte eine Riesenschlange, die gerade ein Tier verspeiste. Das sah ungefähr so aus:

In dem Buch stand, dass Riesenschlangen ihre Beute nicht kauen, sondern als Ganzes herunterschlucken. Danach können sie sich nicht mehr rühren und schlafen sechs Monate lang, um zu verdauen.

Ich habe mir damals viele Gedanken gemacht über den Dschungel und über die Riesenschlangen. Dann habe ich mit einem Buntstift mein erstes Bild gemalt. Bild Nummer 1.

So sah es aus:

Ich zeigte mein Meisterwerk den Erwachsenen und fragte sie, ob es ihnen Angst machte. Aber sie sagten bloß: „Warum sollten wir denn vor einem Hut Angst haben?" Dabei war auf meinem Bild gar kein Hut zu sehen, sondern eine Riesenschlange. Sie war in der Mitte ganz dick, weil sie gerade einen Elefanten verdaute. Also habe ich auch noch das Innere der Riesenschlange gezeichnet, damit die Erwachsenen es verstanden. Sie brauchen ja immer Erklärungen. Mein Bild Nummer 2 sah so aus:

Aber die Erwachsenen verstanden es immer noch nicht und sagten, ich sollte mich lieber mit vernünftigen Dingen beschäftigen statt mit dem Zeichnen von offenen und geschlossenen Riesenschlangen. Nach diesem Reinfall hatte ich keine Lust mehr, Bilder zu malen. Die Erwachsenen verstehen nie etwas von selbst und es ist sehr anstrengend, ihnen immer wieder alles erklären zu müssen.

Ich beschäftigte mich also mit vernünftigen Dingen und wurde Pilot. Mit dem Flugzeug bin ich überall auf der Welt herumgekommen. Dabei habe ich eine Menge vernünftige Leute kennengelernt, die sich mit wichtigen Dingen beschäftigten. Das hat meine Meinung von den Erwachsenen aber nicht verbessert. Ab und zu war einer dabei, der mir ein bisschen pfiffiger vorkam als die anderen. Dann machte ich einen Test und zeigte ihm mein Bild Nummer 1. Stets kam die Antwort: „Das ist ein Hut." Also unterhielt ich mich mit ihm nicht über Riesenschlangen, den Urwald oder die Sterne, sondern nur über Golf, Politik oder Krawatten. Und der Erwachsene war froh, einen so vernünftigen Menschen getroffen zu haben.

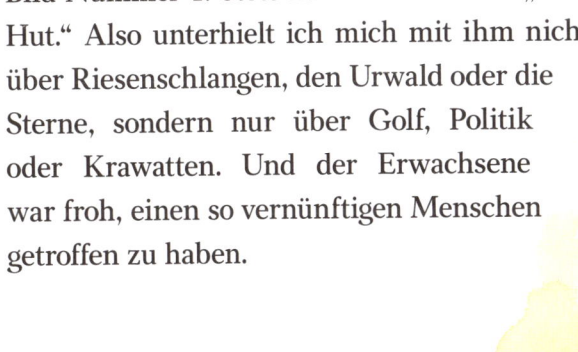

Wie ich den kleinen Prinzen kennenlernte

Ich hatte also niemanden, mit dem ich wirklich reden konnte, bis ich vor sechs Jahren mitten in der Wüste Sahara mit meinem Flugzeug eine Panne hatte. An meinem Motor war etwas kaputtgegangen und ich musste notlanden. Weil ich keinen Mechaniker dabeihatte, machte ich mich ganz allein an die schwierige Reparatur. Mein Trinkwasser reichte nur für acht Tage. Es ging um Leben und Tod.

So schlief ich die erste Nacht im Sand, tausend Meilen von jedem bewohnten Ort entfernt, einsamer als jeder Schiffbrüchige auf dem Ozean. Ihr könnt euch denken, wie überrascht ich war, als mich am nächsten Morgen eine leise Stimme weckte: „Bitte ... mal mir ein Schaf." Wie der Blitz sprang ich auf und rieb mir die Augen.

Vor mir stand ein merkwürdiger kleiner Kerl, der mich mit ernster Miene musterte. Später habe ich versucht, ihn zu zeichnen, aber ich fürchte, es ist mir nicht besonders gut gelungen. Ich kann nichts dafür. Ich hatte ja schon im Alter von sechs Jahren mit dem Zeichnen aufgehört und konnte nur offene und geschlossene Riesenschlangen. Das hier ist also das beste Porträt von ihm, das ich zustande brachte.

Ich starrte diese merkwürdige Erscheinung mit weit aufgerissenen Augen an. Der kleine Kerl schien weder hungrig noch durstig zu sein und er hatte auch keine Angst. Er wirkte überhaupt nicht wie ein Kind, das sich mitten in der Wüste verlaufen hat. Wie war er bloß hierhergekommen? Als ich endlich die Sprache wiederfand, fragte ich ihn: „Was machst du denn hier?" Da wiederholte er, ganz sanft, als ob es sich um eine sehr ernste Sache handelte: „Bitte … mal mir ein Schaf." Ich erklärte ihm, dass ich nicht malen könne. Er antwortete: „Das macht nichts. Mal mir ein Schaf."

Weil ich noch nie ein Schaf versucht hatte, malte ich für ihn eines der beiden Bilder, die ich konnte: Die geschlossene Riesenschlange. Ich staunte nicht schlecht, als der kleine Kerl daraufhin sagte: „Nein, nein, ich will keinen Elefanten in einer Riesenschlange. Eine Riesenschlange ist zu gefährlich und ein Elefant nimmt zu viel Platz weg. Bei mir zu Hause ist es ziemlich eng. Ich brauche ein Schaf. Mal mir ein Schaf." Also malte ich.

Aber mein erstes Schaf sah ihm zu krank aus. Mein zweites Schaf, fand er, sah aus wie ein Widder. Und mein drittes Schaf war ihm zu alt. Ich verlor die Geduld, denn ich musste dringend meinen Motor reparieren, also kritzelte ich das hier und knurrte:

„Das ist eine Kiste. Und dein Schaf ist da drin."

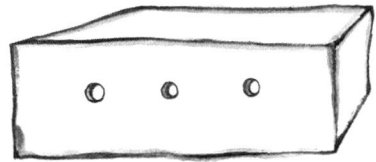

Da strahlte er und sagte: „Das ist genau das, was ich wollte! Ob dieses Schaf wohl viel Gras braucht? Ich habe so wenig Platz …"

„Es wird schon reichen", beruhigte ich ihn. „Ich habe dir ein ganz kleines Schaf gemalt." Er beugte den Kopf über die Zeichnung und sagte: „So klein ist es nun auch wieder nicht … Guck mal! Jetzt ist es eingeschlafen!"

So lernte ich den kleinen Prinzen kennen.

Wie ich erfuhr,
wo der kleine Prinz herkam

Der kleine Prinz stellte mir viele Fragen, aber meine Fragen schien er nie zu hören. Deshalb dauerte es eine Weile, bis ich herausfand, wo er herkam. Aus zufälligen Bemerkungen musste ich mir nach und nach alles zusammenreimen. Als er zum ersten Mal mein Flugzeug erblickte, fragte er zum Beispiel: „Was ist denn das da für ein Ding?"

„Das ist kein Ding", sagte ich stolz. „Das ist mein Flugzeug. Ich kann nämlich fliegen."

Da rief er: „Was? Du bist vom Himmel gefallen? Das ist ja lustig!" Er bekam einen kleinen Lachanfall, über den ich mich sehr ärgerte. Mein Unfall war schließlich eine ernste Sache. Dann fuhr er fort: „Also kommst du auch vom Himmel! Von welchem Planeten bist du denn?" Da ging mir ein Licht auf und schnell fragte ich: „Du kommst von einem anderen Planeten?" Aber er antwortete nicht. Er starrte nur kopfschüttelnd auf mein Flugzeug und murmelte: „Ja, mit dem Ding kommt man wohl nicht sehr weit …"

Ihr könnt euch vorstellen, wie sehr mich diese Bemerkung von dem „anderen Planeten" beunruhigte. Ich musste unbedingt mehr darüber erfahren. Also fragte ich den kleinen Prinzen, wohin er sein Schaf denn mitnehmen wolle. Er dachte lange nach und sagte dann: „Diese Kiste da, die du mir gegeben hast … das Gute daran ist, dass sie ihm nachts als Haus dienen kann."

„Ganz bestimmt", antwortete ich. „Und vielleicht gebe ich dir auch einen Strick und einen Pflock, damit dein Schaf nicht weglaufen kann."

Der kleine Prinz fing wieder an zu lachen und sagte: „Aber wo soll es denn hinlaufen?"

„Na, irgendwohin. Geradeaus …"

Da sagte der kleine Prinz ernst und ein bisschen traurig: „Geradeaus kann man bei mir nicht sehr weit gehen."

Der Planet, auf dem der kleine Prinz lebte, war also kaum größer als ein Haus! Das wunderte mich nicht. Ich wusste ja, dass es neben den großen Planeten wie der Erde, Jupiter, Mars und Venus noch Hunderte von anderen Planeten gibt, die so klein sind, dass man sie selbst durch ein Fernrohr kaum erkennen kann. Wenn ein Astronom so einen Planeten entdeckt, gibt er ihm bloß eine Nummer. Er nennt ihn zum Beispiel „Asteroid 325". Und ich bin ziemlich sicher, dass der Heimatplanet des kleinen Prinzen der Asteroid B 612 ist, der nur ein einziges Mal im Jahr 1909 in einem Fernrohr gesichtet worden ist.

Natürlich ist es völlig unwichtig, welche Nummer der Planet hat, und ich erwähne das auch nur wegen der Erwachsenen. Die Erwachsenen mögen Zahlen. Wenn ihr ihnen von einem neuen Freund erzählt, dann erkundigen sie sich nie nach den wirklich wichtigen Dingen. Sie wollen zum Beispiel nicht wissen, wie seine Stimme klingt und welche Spiele er am liebsten spielt. Sondern sie fragen: „Wie alt ist er? Wie viele Geschwister hat er? Wie viel verdient sein Vater?"

Wenn man ihnen also erzählt, dass der kleine Prinz ganz entzückend lachen kann und dass er sich ein Schaf wünschte, dann zucken sie bloß mit den Achseln. Aber wenn man ihnen sagt, dass er auf dem Asteroiden Nummer B 612 wohnt, dann glauben sie das sofort. So sind sie nun mal. Wer etwas von den wirklich wichtigen Dingen im Leben versteht, der braucht natürlich keine Zahlen als Beweis dafür, dass es etwas tatsächlich gibt. Wenn ich meine Geschichte so erzählen würde, wie man ein Märchen erzählt, klänge sie dann nicht gleich viel wahrer? „Es war einmal ein kleiner Prinz, der wohnte auf einem Planeten, der kaum größer war als er selbst, und er brauchte einen Freund …" Glaubt ihr mir jetzt? Ich möchte nämlich, dass ihr meine Geschichte ernst nehmt. Es fällt mir schwer, euch von diesen Erinnerungen an meinen Freund, den kleinen Prinzen, zu berichten. Ich tue es, um ihn nicht zu vergessen. Es ist traurig, einen Freund zu vergessen, und nicht jeder hat einen Freund.

Damit ich nicht werde wie die Erwachsenen, habe ich mir sogar noch einmal einen Farbkasten und Buntstifte gekauft. Aber es ist schwierig, in meinem Alter wieder mit dem Zeichnen anzufangen, wenn man seit seinem sechsten Lebensjahr nie etwas anderes gemalt hat als offene und geschlossene Riesenschlangen. Bitte seid nachsichtig mit mir, wenn meine Bilder hier und da nicht so ganz stimmen. Mein Freund hat mir ja nie irgendetwas erklärt. Er glaubte wohl, ich sei wie er. Aber leider kann ich keine Schafe mehr durch Kistenbretter hindurch erkennen, so wie er. Ich bin wohl doch schon ein bisschen wie die Erwachsenen geworden.

Warum die Affenbrotbäume so gefährlich sind

Am dritten Tag erfuhr ich etwas über die Affenbrotbäume auf dem Planeten des kleinen Prinzen.

„Ist es wirklich wahr, dass Schafe Sträucher fressen?", fragte er mich voller Zweifel.

„Ja, das ist wahr."

„Dann fressen sie also auch Affenbrotbäume?"

Ich erklärte dem kleinen Prinzen, dass Affenbrotbäume keine Sträucher seien, sondern riesige Bäume, mit denen selbst eine Herde Elefanten nicht fertigwerden würde. Das brachte ihn zum Lachen.

„Man müsste die einen über die anderen stellen …"

„Bevor sie groß werden, sind sie doch erst mal klein", sagte er klug.

„Das stimmt schon. Aber warum willst du, dass dein Schaf kleine Affenbrotbäume frisst?" Er antwortete nicht. Später fand ich heraus, dass es auf dem Planeten des kleinen Prinzen sehr viele Affenbrotbäume gab. Unsichtbar schlummerten ihre Samen in der Erde, bis sie aufwachten und einen winzigen Spross in Richtung Sonne wachsen ließen. Solange er klein ist, ist ein Affenbrotbaum noch ganz harmlos. Aber wenn man ihn wachsen lässt, wird man ihn nie wieder los. Er breitet sich immer weiter aus, seine Wurzeln durchbohren den ganzen Planeten, und wenn der Planet sehr klein ist und es zu viele Affenbrotbäume gibt, dann sprengen sie ihn schließlich.

Deshalb machte sich der kleine Prinz jeden Morgen daran, alle Sprösslinge der Affenbrotbäume auszurupfen. Das war eine langweilige, aber leichte Arbeit. Eines Tages riet er mir, ein Bild zu malen, damit die Kinder bei mir zu Hause auch richtig verstünden, wie wichtig es sei, diese Arbeit nicht zu verschieben. „Wenn sie auf die Reise gehen", sagte er, „wird es ihnen noch nützlich sein. Manchmal macht es ja nichts, wenn man eine Arbeit auf später verschiebt. Aber wenn es um Affenbrotbäume geht, führt es immer zu einer Katastrophe. Ich kannte mal einen Planeten, auf dem ein Faulpelz lebte. Er hatte drei Sträucher übersehen …"

Also habe ich einen der Affenbrotbäume gemalt. Und ich sage euch: „Kinder! Achtung! Passt bloß auf die Affenbrotbäume auf!"

Warum der kleine Prinz Sonnenuntergänge liebt

Lange Zeit hatte der kleine Prinz auf seinem Planeten offenbar nicht viel mehr zu tun, als den Sonnenuntergang zu betrachten. Das erfuhr ich am Morgen des vierten Tages, als er sagte: „Ich liebe Sonnenuntergänge. Komm, wir sehen uns einen an."

„Aber wir müssen doch noch warten, bis es so weit ist", wandte ich ein, denn die Sonne war ja gerade erst aufgegangen.

Er machte zuerst ein sehr erstauntes Gesicht. Dann musste er über sich selber lachen und sagte: „Ich denke immer, ich bin bei mir zu Hause."

Die Sache ist nämlich die: Wenn es in Nordamerika Mittag ist, geht auf der anderen Seite der Weltkugel, zum Beispiel in Frankreich, gerade die Sonne unter. Wenn man also in Nordamerika mittags plötzlich auf die Idee kommt, einem Sonnenuntergang zuzusehen, muss man es schaffen, in einer Minute nach Frankreich zu reisen. Leider ist Frankreich viel zu weit weg. Es dauert Stunden, dorthin zu reisen, und wenn man endlich da ist, dann ist die Sonne schon lange untergegangen. Aber auf dem winzigen Planeten des kleinen Prinzen genügte es, einfach den Stuhl ein wenig zur Seite zu rücken, um die andere Seite des Planeten zu sehen. Und schon konnte er sich einen Sonnenuntergang anschauen, sooft er wollte!

„Einmal habe ich die Sonne vierundvierzigmal Mal an einem Tag untergehen sehen", erzählte er. „Weißt du, wenn man so traurig ist, dann mag man Sonnenuntergänge gern …"

„Warst du denn so traurig an diesem Tag?", fragte ich. Aber der kleine Prinz antwortete nicht.

Wie der kleine Prinz zu seiner Rose kam

Am fünften Tag entdeckte ich wieder ein Geheimnis aus dem Leben des kleinen Prinzen. Er fragte mich plötzlich: „Wenn ein Schaf Sträucher frisst, frisst es dann auch Blumen?"

„Ein Schaf frisst alles, was ihm vor die Schnute kommt", erklärte ich.

„Auch die Blumen mit Dornen?"

„Auch die Blumen mit Dornen."

„Wieso haben sie dann überhaupt Dornen?"

Das wusste ich nicht. Außerdem war ich gerade damit beschäftigt, eine zu fest angezogene Schraube an meinem Motor zu lösen. Ich machte mir allmählich große Sorgen, denn meine Panne war immer noch nicht behoben und mein Trinkwasser ging zur Neige. Aber der kleine Prinz ließ nicht locker. Er vergaß nie eine Frage, die er einmal gestellt hatte.

„Was für einen Sinn haben die Dornen?"

Weil ich mich gerade über die Schraube ärgerte und mit den Gedanken ganz woanders war, redete ich einfach irgendwas daher: „Sie haben gar keinen Sinn. Die Blumen lassen sie wachsen, weil es ihnen Spaß macht, andere damit zu stechen."

Der kleine Prinz war wie vor den Kopf geschlagen. Er schwieg eine Weile. Dann sagte er mit stiller Wut: „Das glaube ich nicht. Blumen sind schwach. Sie müssen sich schützen. Sie glauben, dass sie durch ihre Dornen gefährlich sind …" Ich antwortete nicht, denn ich dachte über die Schraube nach.

„Glaubst du wirklich …", fing der kleine Prinz wieder an.

„Nein! Ich glaube gar nichts!", sagte ich ungehalten. „Ich habe wichtigere Dinge zu tun!"

Er sah mich verblüfft an, wie ich da stand mit einem Hammer in meinen ölverschmierten Händen und mich über einen Gegenstand beugte, der ihm bestimmt sehr hässlich vorkam.

„Du redest wie ein Erwachsener."

Ich schämte mich. Aber er fügte ohne Mitleid hinzu: „Du bringst alles durcheinander." Wütend schüttelte er den Kopf.

„Seit Millionen von Jahren haben die Blumen Dornen. Und seit Millionen von Jahren fressen die Schafe sie trotzdem. Und du findest es unwichtig, dass man wissen möchte, warum sie sich dann die Mühe machen, diese Dornen wachsen zu lassen? Und wenn ich eine Blume kenne, die es nur ein einziges Mal gibt, nur auf meinem Planeten, und wenn dann ein kleines Schaf diese Blume einfach frisst, ohne zu wissen, was es da tut – das soll nicht wichtig sein?"

Er wurde rot vor Wut und fuhr fort: „Wenn jemand eine Blume liebt, die es auf Millionen von Sternen nur einmal gibt, dann ist er schon glücklich, wenn er nur in den Himmel schaut. Er sagt sich: ‚Da oben irgendwo ist meine Blume …' Aber wenn das Schaf die Blume frisst, dann ist es für ihn, als würden alle Sterne plötzlich nicht mehr leuchten. Und das soll nicht wichtig sein?"

Er konnte nicht mehr weitersprechen vor Kummer und fing an zu schluchzen.

Mein Hammer, die Schraube, der Durst und der Tod, das war mir plötzlich alles egal. Ich musste den kleinen Prinzen trösten. Ich nahm ihn in die Arme und wiegte ihn und sagte: „Der Blume, die du liebst, wird nichts passieren. Ich werde einen Maulkorb für dein Schaf zeichnen. Ich male eine Rüstung für deine Blume … ich …" Dann wusste ich nicht mehr, was ich noch sagen sollte. Ich kam mir vor wie ein Trottel.

Schon bald erfuhr ich mehr über diese Blume. Es hatte auf dem Planeten des kleinen Prinzen schon immer Blumen gegeben, aber sie spielten keine große Rolle. Sie tauchten morgens im Gras auf und abends verschwanden sie wieder. Diese eine aber hatte eines Tages Wurzeln geschlagen und der kleine Prinz beobachtete sie sehr genau, denn sie sah anders aus als die anderen Blumen. Vielleicht war es ja eine neue Art Affenbrotbaum. Aber der Strauch hörte bald auf zu wachsen und eine Blüte bildete sich. Der kleine Prinz sah zu, wie eine riesige Knospe entstand, aber die Blume ließ sich Zeit. Sie wählte sorgfältig ihre Farben aus und ordnete ihre Blütenblätter eins nach dem anderen. Sie wollte ja eine richtig schöne Blume werden. Und eines Morgens, gerade als die Sonne aufging, zeigte sie sich.

Sie gähnte leise und sagte dann: „Verzeihung! Ich bin noch ganz zerknittert …"

„Sie sind aber schön!", sagte der kleine Prinz voller Bewunderung.

„Ja, nicht wahr?", erwiderte die Blume sanft. „Und ich bin zur selben Zeit geboren wie die Sonne."

Bescheiden war sie nicht gerade, stellte der kleine Prinz fest. Aber sie war so rührend!

„Ich glaube, es ist Zeit fürs Frühstück", sagte die Blume. „Wären Sie wohl so freundlich, an mich zu denken?" Und der kleine Prinz holte völlig verwirrt eine Gießkanne, um sie zu begießen.

Der kleine Prinz hatte bald gemerkt, dass seine Blume sehr eitel war. Sie bildete sich zum Beispiel viel auf ihre vier Dornen ein. „Sie sollen nur kommen, die Tiger mit ihren Krallen!", rief sie herausfordernd.

„Es gibt keine Tiger auf meinem Planeten", wandte der kleine Prinz ein. „Und außerdem fressen Tiger kein Gras."

„Ich bin kein Gras", antwortete die Blume hochmütig. „Vor Tigern fürchte ich mich nicht, aber mir graut es vor Zugluft. Hätten Sie vielleicht einen Wandschirm für mich?"

„Ihr graut es vor Zugluft?", dachte der kleine Prinz beunruhigt. „Das ist schlecht, wenn man eine Pflanze ist. Diese Blume ist wohl ziemlich kompliziert."

„Stellen Sie mich abends unter eine Glasglocke", befahl die Blume. „Es ist kalt bei Ihnen. Das ist schlecht eingerichtet. Da, wo ich herkomme …" Aber dann unterbrach sie sich. Sie konnte ja gar nicht wissen, wo sie herkam, denn sie war als Samenkorn auf diesem Planeten gelandet. Sie hüstelte verlegen und sagte dann, um dem kleinen Prinzen trotzdem ein schlechtes Gewissen zu machen: „Der Wandschirm?"

Und so war der kleine Prinz, obwohl er seine Blume liebte, bald sehr unglücklich geworden.

„Ich hätte ihr einfach nicht zuhören dürfen", vertraute er mir an. „Blumen muss man anschauen und ihren Duft einatmen. Man darf sich nicht über den ganzen Unsinn ärgern, den sie erzählen. Sie duftete und sie blühte für mich, was machte es da, dass sie eingebildet und ein bisschen dumm war? Aber das habe ich damals nicht verstanden."

Und so kam es, dass der kleine Prinz eines Tages einfach die Flucht ergriff. Vor seiner Abreise brachte er noch seinen Planeten in Ordnung: Er fegte seine drei Vulkane, riss die letzten Triebe des Affenbrotbaumes aus und goss zum letzten Mal seine Blume. All diese vertrauten Dinge kamen ihm auf einmal wunderschön vor. Das Herz wurde ihm schwer.

„Adieu", sagte er zur Blume. Aber sie antwortete nicht.

„Adieu", sagte er noch einmal. Die Blume hustete verlegen. „Ich war dumm", sagte sie schließlich. „Bitte verzeih mir. Versuche, glücklich zu sein."

Der kleine Prinz wunderte sich, dass die Blume sich gar nicht beklagte. Er stand da mit der Glasglocke in der Hand und war ganz durcheinander.

„Ich liebe dich", sagte die Blume. „Du wusstest es nicht und das ist meine Schuld. Aber das ist jetzt unwichtig. Lass diese dumme Glasglocke. Ich will sie nicht mehr."

„Aber der Wind …"

„Die frische Nachtluft wird mir guttun. Ich bin eine Blume."

„Aber die Tiere …", sagte der kleine Prinz.

„Ich muss wohl zwei oder drei Raupen ertragen, wenn ich die Schmetterlinge kennenlernen will", sagte die Blume. „Wer wird mich sonst besuchen? Du wirst ja weit weg sein." Dann fügte sie noch hinzu: „Nun geh schon! Du hast dich entschieden zu reisen. Also geh!" Denn sie wollte nicht, dass er sie weinen sah. Sie war eine so stolze Blume …

Der kleine Prinz und der König

Der kleine Prinz wollte etwas lernen. Also fing er an, andere Planeten zu besuchen. Vielleicht gab es dort ja für ihn etwas zu tun. Auf dem ersten wohnte ein König. Er trug einen langen Pelzmantel und saß auf einem königlichen Thron.

„Ach, sieh da, ein Untertan!", rief der König, denn für einen König sind alle Menschen Untertanen. „Komm näher, damit ich dich besser betrachten kann." Er war sehr stolz, dass er endlich für jemanden König sein konnte. Der kleine Prinz sah sich nach einer Sitzgelegenheit um, aber der ganze Planet war von dem Pelzmantel des Königs bedeckt. Also blieb er stehen und gähnte.

„Es gehört sich nicht, in Gegenwart eines Königs zu gähnen", sagte der König. „Ich verbiete es dir."

„Ich kann nichts dagegen machen", sagte der kleine Prinz. „Ich habe eine lange Reise hinter mir und bin müde."

„Na gut", sagte der König, „dann befehle ich dir zu gähnen!"

„Jetzt kann ich es nicht mehr", sagte der kleine Prinz eingeschüchtert und wurde rot.

„Hm, hm!", machte der König. „Dann befehle ich dir eben, mal zu gähnen und mal …" Verärgert brummelte er vor sich hin. Es war ihm wichtig, dass man ihm gehorchte. Aber weil er ein guter König war, wollte er nur vernünftige Befehle erteilen. Das war manchmal schwierig. „Darf ich mich setzen?", fragte der kleine Prinz schüchtern.

„Ich befehle dir, dich zu setzen", sagte der König und zog seinen Pelzmantel etwas zu sich heran.

„Über wen kann der König auf so einem winzigen Planeten wohl herrschen?", fragte sich der kleine Prinz verwundert. „Hier ist doch niemand!"

„Majestät", sagte er, „verzeiht mir die Frage …"

„Ich befehle dir, mich zu fragen", sagte der König schnell.

„Majestät, worüber herrscht Ihr?"

„Über alles", sagte der König schlicht und zeigte auf seinen Planeten, die anderen Planeten und die Sterne.

„Und die Sterne gehorchen Euch?", fragte ihn der kleine Prinz vorsichtig.

„Gewiss", sagte der König. „Sie gehorchen aufs Wort."

Der kleine Prinz staunte. Das musste aber ein wirklich mächtiger König sein, wenn ihm sogar die Sterne gehorchten! Er fasste sich ein Herz und bat den König um einen Gefallen: „Ich möchte einen Sonnenuntergang sehen. Macht mir die Freude – befehlt der Sonne unterzugehen."

„Wenn ich einem General befehlen würde, sich in einen Vogel zu verwandeln", entgegnete der König, „und der General würde meinem Befehl nicht gehorchen, wessen Schuld wäre es dann? Seine oder meine?"

„Eure", sagte der kleine Prinz bestimmt.

„Genau!", sagte der König. „Man darf von jedem nur das fordern, was er auch geben kann."

„Und was ist jetzt mit meinem Sonnenuntergang?", fragte der kleine Prinz, denn er vergaß niemals eine Frage.

„Den sollst du haben", sagte der König. „Ich werde ihn befehlen. Aber in meiner großen Weisheit werde ich damit warten, bis die Voraussetzungen dafür günstig sind."

„Wann wird das sein?", fragte der kleine Prinz.

Der König sah in seinen Kalender und sagte: „Heute Abend gegen sieben Uhr vierzig. Du wirst sehen, wie man mir gehorcht!"

Der kleine Prinz gähnte. Er langweilte sich schon ein bisschen.

„Ich habe hier nichts zu tun", sagte er dem König. „Ich reise wieder ab. Auf Wiedersehen."

„Ich mache dich zu meinem Botschafter!", rief der König ihm noch nach. Er gab sich Mühe, dabei wie ein mächtiger Herrscher auszusehen.

„Die Erwachsenen sind sehr merkwürdig", sagte der kleine Prinz zu sich selbst und setzte seine Reise fort.

Der kleine Prinz und der Eingebildete

Auf dem zweiten Planeten wohnte ein Mann, der sehr eingebildet war. Er hielt sich für den schönsten und klügsten Menschen weit und breit.

„Sieh an, ein Bewunderer kommt zu Besuch!", rief er schon von Weitem, denn für Eingebildete sind alle Menschen Bewunderer.

„Guten Tag", sagte der kleine Prinz. „Sie haben aber einen komischen Hut auf."

„Den brauche ich zum Grüßen, wenn mir jemand zujubelt", sagte der Eingebildete. „Leider kommt hier nie jemand vorbei."

„Aha", sagte der kleine Prinz verständnislos.

„Klatsch mal in die Hände!", sagte der Eingebildete. Der kleine Prinz klatschte in die Hände. Der Eingebildete nahm seinen Hut hoch, schwenkte ihn kurz durch die Luft und setzte ihn dann wieder auf.

„Das macht mehr Spaß als der Besuch beim König", dachte der kleine Prinz. Er klatschte noch ein paarmal in die Hände und der Eingebildete zog jedes Mal seinen Hut, doch dann wurde ihm dieses Spiel zu langweilig.

„Und was muss ich tun", fragte er, „damit der Hut herunterfällt?"

Aber der Eingebildete hörte ihm gar nicht zu.

„Bewunderst du mich?", fragte er den kleinen Prinzen.

„Was heißt bewundern?"

„Bewundern heißt, mich für den schönsten, reichsten und klügsten Menschen auf diesem Planeten zu halten."

„Aber Sie sind doch ganz allein hier", sagte der kleine Prinz.

Der Eingebildete wollte trotzdem bewundert werden. Der kleine Prinz sagte: „Ich bewundere Sie. Aber wozu ist das wichtig?"

Dann machte sich der kleine Prinz davon.

„Die Erwachsenen sind wirklich merkwürdig", sagte er zu sich selbst und setzte seine Reise fort.

Der kleine Prinz und der Geschäftsmann

Den nächsten Planeten bewohnte ein Geschäftsmann. Er war so beschäftigt, dass er die Ankunft des kleinen Prinzen gar nicht bemerkte.

„Guten Tag", sagte der kleine Prinz. „Ihre Zigarette ist ausgegangen."

Der Geschäftsmann hob nicht einmal den Kopf.

„Drei und zwei ist fünf", murmelte er. „Fünf und sieben ist zwölf. Guten Tag. Fünfzehn und sieben ist zweiundzwanzig. Keine Zeit, sie wieder anzuzünden. Das macht also fünfhunderteine Million sechshundertzweiundzwanzigtausendsiebenhunderteinunddreißig."

„Fünfhundert Millionen wovon?", fragte der kleine Prinz.

Der Geschäftsmann sah auf. „Wie, bist du immer noch da? Ich bin ein wichtiger Mann, ich habe keine Zeit für dummes Zeug."

„Fünfhundert Millionen wovon?", wiederholte der kleine Prinz, denn er vergaß niemals eine Frage. Der Geschäftsmann begriff, dass er keine Ruhe geben würde. „Millionen von diesen kleinen Dingern, die man manchmal am Himmel sieht."

„Fliegen?", fragte der kleine Prinz.

„Aber nein. Kleine goldene Dinger, bei denen alle Nichtstuer ins Träumen geraten."

„Ach, die Sterne!", rief der kleine Prinz aus. „Und was machen Sie mit diesen Sternen?"

„Nichts, ich besitze sie."

„Wie kann man die Sterne besitzen?", fragte der kleine Prinz weiter.

„Ich habe als Erster daran gedacht", entgegnete der Geschäftsmann mürrisch. „Also gehören sie mir."

„Wie, das reicht?"

„Natürlich. Wenn du einen Diamanten findest, der niemandem gehört, dann gehört er dir. Wenn du eine Insel findest, die niemandem gehört, dann ist sie deine. Und ich besitze die Sterne, weil vorher noch niemand daran gedacht hat, sie zu besitzen."

„Das ist wahr", sagte der kleine Prinz. „Und was machst du damit?"

„Nichts. Ich zähle sie und dann zähle ich sie noch einmal", sagte der Geschäftsmann. „Ich bin ein wichtiger Mann."

Der kleine Prinz war noch nicht zufrieden.

„Wenn ich einen Schal habe, kann ich ihn um den Hals wickeln und mitnehmen. Wenn ich eine Blume habe, kann ich sie pflücken und mitnehmen. Aber du kannst mit deinen Sternen gar nichts machen."

Der Geschäftsmann erklärte dem kleinen Prinzen, dass er die Sterne auf die Bank bringen konnte: Er schrieb ihre Zahl einfach auf ein Stück Papier und legte es in einen Tresor.

„Das ist zwar lustig", dachte der kleine Prinz. „Aber es ist nicht wichtig." Er hatte nämlich eine ganz andere Vorstellung von wichtigen Dingen als der Geschäftsmann.

„Also ich", fing er wieder an, „ich besitze eine Blume, die ich jeden Tag gieße. Ich habe drei Vulkane, die ich jede Woche kehre. Es nützt meinen Vulkanen und es nützt meiner Blume, dass ich sie besitze. Aber du nützt deinen Sternen überhaupt nicht ..."

Der Geschäftsmann öffnete den Mund, aber ihm fiel keine Antwort darauf ein, und der kleine Prinz verschwand.

„Die Erwachsenen sind wirklich ganz schön seltsam", dachte er bei sich und setzte seine Reise fort.

Der kleine Prinz und der Laternenanzünder

Der vierte Planet war der kleinste von allen. Dort war gerade einmal genug Platz für eine Laterne und einen Laternenanzünder. Der kleine Prinz überlegte, wozu man wohl auf einem Planeten ohne Mensch und Haus eine Laterne und einen Laternenanzünder brauchte. Aber es war immerhin eine hübsche Beschäftigung.

Er grüßte den Laternenanzünder respektvoll und fragte: „Warum hast du gerade deine Laterne ausgemacht?"

„Das ist Vorschrift", sagte der Laternenanzünder. „Guten Tag."

„Was ist Vorschrift?"

„Meine Laterne auszumachen. Guten Abend."

Und er zündete sie wieder an.

„Und warum hast du sie gerade wieder angemacht?"

„Das ist Vorschrift", sagte der Laternenanzünder.

„Das verstehe ich nicht", sagte der kleine Prinz.

„Da gibt es nichts zu verstehen. Vorschrift ist Vorschrift. Guten Tag."

Er machte die Laterne wieder aus. Dann wischte er sich mit einem rot karierten Taschentuch über die Stirn. „Früher war das eine vernünftige Arbeit", sagte er. „Da habe ich die Laterne morgens ausgemacht und abends angezündet. Dazwischen konnte ich mich ausruhen."

„Und dann wurde die Vorschrift geändert?", fragte der kleine Prinz.

„Nein", sagte der Laternenanzünder. „Die Vorschrift wurde nicht geändert. Das ist es ja eben. Der Planet dreht sich von Jahr zu Jahr schneller. Es wird hell und eine Minute später wird es schon wieder dunkel. Also muss ich jede Minute die Laterne an- und wieder ausmachen."

„Wie lustig", dachte der kleine Prinz. „Ein Tag dauert hier also nur eine Minute." Das erinnerte ihn an die Sonnenuntergänge auf seinem Planeten.

Und weil er seinem Freund helfen wollte, sagte er: „Ich weiß, wie du dich ausruhen kannst, wenn du willst."

„Ich will immer", sagte der Laternenanzünder, denn man kann treu und gleichzeitig faul sein.

Der kleine Prinz fuhr fort: „Dein Planet ist so klein, dass du mit drei großen Schritten einmal ganz herum bist. Du musst nur so langsam gehen, dass du immer in der Sonne bleibst. Wenn du dich ausruhen willst, gehst du – dann dauert der Tag so lange, wie du willst."

„Das nützt mir nichts", sagte der Anzünder. „Das Schönste im Leben ist für mich das Schlafen."

„Das ist Pech", antwortete der kleine Prinz.

„Der da", dachte er sich, als er seine Reise fortsetzte, „ist der Einzige, den ich nicht lächerlich finde. Er ist der Einzige, den ich zu meinem Freund hätte machen können. Aber auf seinem Planeten ist wirklich kein Platz für zwei …"

Der kleine Prinz und der Geograf

Der fünfte Planet war zehnmal so groß. Er wurde von einem alten Herrn bewohnt, der sehr dicke Bücher schrieb.

„Sieh da! Ein Forscher!", rief er, als er den kleinen Prinzen sah. Der kleine Prinz setzte sich auf den Tisch und verschnaufte ein wenig. Er war schon so viel gereist!

„Was ist das für ein dickes Buch?", fragte er. „Was machen Sie da?"

„Ich bin Geograf", sagte der alte Herr.

„Was ist das, ein Geograf?"

„Das ist ein Gelehrter, der weiß, wo sich die Meere, die Flüsse, die Städte, die Berge und die Wüsten befinden."

„Das ist ja interessant!", sagte der kleine Prinz. „Endlich mal ein richtiger Beruf." Er sah sich auf dem Planeten des Geografen um und sagte: „Er ist schön, Ihr Planet. Gibt es hier auch Ozeane?"

„Woher soll ich das wissen?", antwortete der Geograf.

„Ach!" Der kleine Prinz war enttäuscht. „Und Berge? Und Städte und Flüsse und Wüsten?"

Das wusste der Geograf auch nicht.

„Aber Sie sind doch Geograf!", sagte der kleine Prinz.

„Richtig", antwortete der Geograf. „Aber nicht der Geograf reist durch die Gegend und zählt die Berge, Flüsse und Städte. Das machen die Forscher. Der Geograf ist viel zu wichtig, um die ganze Zeit durch die Gegend zu reisen. Er sitzt an seinem Schreibtisch, befragt die Forscher und notiert sich, was sie gesehen haben."

Plötzlich wurde er ganz aufgeregt. „Du kommst doch von weit her! Du bist Forscher! Du musst mir deinen Planeten beschreiben." Er schlug sein Buch auf und spitzte seinen Bleistift.

„Oh, bei mir zu Hause", sagte der kleine Prinz, „ist es nicht besonders interessant. Es ist ziemlich klein. Ich habe drei Vulkane. Zwei aktive und einen erloschenen. Aber man weiß ja nie."

„Man weiß ja nie", stimmte der Geograf zu.

„Dann habe ich noch eine Blume."

„Die schreiben wir nicht auf", sagte der Geograf.

„Warum nicht?", fragte der kleine Prinz. „Sie ist das Schönste auf meinem Planeten!"

„Weil Blumen vergänglich sind", erklärte der Geograf.

„Was heißt vergänglich?", fragte der kleine Prinz.

„Es ist sehr selten", entgegnete der Geograf, „dass ein Berg seinen Platz wechselt oder dass ein Ozean plötzlich verschwindet. In Geografiebüchern stehen nur Dinge, die ewig währen."

„Aber die erloschenen Vulkane können wieder aktiv werden", unterbrach ihn der kleine Prinz.

„Das kommt für uns auf das Gleiche heraus", sagte der Geograf. „Für uns zählt nur der Berg. Und der verändert sich nicht."

„Aber was heißt ‚vergänglich'?", fragte der kleine Prinz, denn er vergaß nie eine Frage.

„Das bedeutet: bald nicht mehr da."

„Meine Blume ist bald nicht mehr da", dachte der kleine Prinz erschrocken. „Sie hat nur vier Dornen, um sich gegen die Welt zu wehren. Und ich habe sie ganz alleine zu Hause gelassen!"

Plötzlich tat es ihm leid, dass er seinen Planeten verlassen hatte. Aber dann fasste er sich wieder und fragte: „Was empfehlen Sie mir zu besichtigen?"

„Die Erde", antwortete der Geograf. „Sie hat einen guten Ruf."

Der kleine Prinz verschwand und dachte an seine Blume.

Der kleine Prinz und die Schlange

Der nächste Planet war also die Erde. Zuerst wunderte sich der kleine Prinz, dass er niemanden sah. Er fürchtete schon, sich im Planeten geirrt zu haben, aber da bewegte sich etwas im Sand. Es sah aus wie ein Ring.

„Guten Abend", sagte der kleine Prinz aufs Geratewohl.

„Guten Abend", sagte die Schlange.

„Auf welchen Planeten bin ich gefallen?", fragte der kleine Prinz.

„Auf die Erde", antwortete die Schlange.

„Ach! Lebt denn niemand auf der Erde?"

„Du bist in der Wüste. In der Wüste lebt niemand. Die Erde ist groß", erklärte die Schlange. Der kleine Prinz setzte sich auf einen Stein und sah zum Himmel hinauf.

„Ich frage mich", sagte er, „ob die Sterne wohl leuchten, damit jeder eines Tages seinen eigenen Stern wiederfinden kann. Sieh dir meinen Planeten an. Er steht genau über uns … aber wie weit weg er ist!"

„Er ist hübsch", sagte die Schlange. „Warum bist du hier?"

„Ich habe Probleme mit einer Blume", sagte der kleine Prinz.

„Aha", sagte die Schlange. Dann schwiegen sie.

„Wo sind die Menschen?", fing der kleine Prinz schließlich wieder an, denn er sehnte sich nach Gesellschaft. „Man ist ein bisschen einsam in der Wüste …"

„Man ist auch bei den Menschen einsam", sagte die Schlange. Der kleine Prinz betrachtete sie lange. „Du bist ein komisches Tier", sagte er schließlich, „dünn wie ein Finger …"

„Aber ich bin mächtiger als der kleinste Finger eines Königs", sagte die Schlange stolz.

Der kleine Prinz musste lächeln: „Das glaube ich nicht. Du hast gar keine Pfoten. Du kannst nicht mal laufen."

„Ich kann dich weiter wegbringen als ein Schiff", sagte die Schlange.

Sie ringelte sich um den Knöchel des kleinen Prinzen wie ein goldenes Armband. „Ich kann dir eines Tages helfen, wenn du dich zu sehr nach deinem Planeten sehnst", fuhr sie fort. „Ich kann dich zurückbringen."

„Warum sprichst du in Rätseln?", fragte der kleine Prinz.

„Am Ende löse ich sie alle auf", antwortete die Schlange. Und dann schwiegen sie wieder.

Der kleine Prinz und die Blumen

Der kleine Prinz durchquerte die Wüste. Dann stieg er auf einen hohen Berg. Die einzigen Berge, die er jemals gesehen hatte, waren seine drei Vulkane. Aber die hatten ihm nur bis zu den Knien gereicht.

„Von einem Berg, der so hoch ist wie dieser hier", sagte er sich, „werde ich bestimmt den ganzen Planeten und alle Menschen sehen." Aber als er oben war, sah er nichts weiter als die Spitzen von spitzen Felsen.

„Guten Tag", sagte er ins Blaue hinein.

„Guten Tag … guten Tag … guten Tag", antwortete das Echo.

„Wer bist du?", fragte der kleine Prinz.

„Wer bist du … wer bist du … wer bist du?", antwortete das Echo.

„Willst du mein Freund sein?", fragte der kleine Prinz.

„Mein Freund sein … mein Freund sein … mein Freund sein …", antwortete das Echo.

„Was für ein komischer Planet", dachte der kleine Prinz.

Nachdem er lange durch Sand, Felsen und Schnee gewandert war, entdeckte er endlich eine Straße. Und alle Straßen führen zu Menschen. Bald stand der kleine Prinz vor einem Rosengarten.

„Guten Tag", sagte der kleine Prinz.

„Guten Tag", antworteten die Rosen. Der kleine Prinz betrachtete sie erstaunt. Diese Blumen glichen alle seiner Rose.

„Wer seid ihr?", fragte er verblüfft.

„Wir sind Rosen", sagten die Rosen.

„Ach!", sagte der kleine Prinz und wurde sehr traurig. Seine Blume hatte ihm erzählt, sie sei die Einzige ihrer Art im ganzen Universum. Und hier gab es gleich 5.000 von ihr, alle gleich, in einem einzigen Garten!

„Sie würde sich bestimmt schrecklich schämen, wenn sie das hier sehen könnte", dachte der kleine Prinz. „Sie würde fürchterlich husten und so tun, als müsse sie sterben, nur damit ich es nicht merke. Und ich müsste so tun, als würde ich ihr glauben, denn sonst würde sie wirklich sterben, bloß um mir ein schlechtes Gewissen zu machen."

Dann dachte er: „Ich habe mich reich gefühlt, weil ich eine einzigartige Blume besaß, dabei gehört mir nur eine ganz gewöhnliche Rose. Eine Rose und drei Vulkane, das macht aus mir noch keinen besonders großartigen Prinzen …" Und er legte sich ins Gras und weinte.

Der kleine Prinz und der Fuchs

In diesem Moment erschien der Fuchs.

„Guten Tag!", sagte der Fuchs.

„Guten Tag!", erwiderte der kleine Prinz höflich. Er drehte sich um, aber er sah nichts.

„Ich bin hier", sagte die Stimme, „unter dem Apfelbaum."

„Wer bist du?", fragte der kleine Prinz. „Du bist wirklich hübsch."

„Ich bin ein Fuchs", sagte der Fuchs.

„Komm und spiel mit mir", schlug der kleine Prinz vor. „Ich bin so traurig …"

„Ich kann nicht mit dir spielen", sagte der Fuchs. „Ich bin noch nicht gezähmt."

Der kleine Prinz dachte nach. Er wusste nicht, was „zähmen" bedeutet.

„Du bist nicht von hier", stellte der Fuchs fest. „Was suchst du?"

„Ich suche die Menschen", sagte der kleine Prinz. „Was bedeutet ‚zähmen'?"

„Die Menschen", sagte der Fuchs, „haben Gewehre und jagen. Das ist sehr lästig. Aber sie züchten auch Hühner. Suchst du Hühner?"

„Nein", sagte der kleine Prinz. „Ich suche Freunde. Was bedeutet ‚zähmen'?"

„Das ist eine Sache, die ziemlich in Vergessenheit geraten ist", sagte der Fuchs. „Es bedeutet: eine Bindung herstellen."

Das verstand der kleine Prinz nicht.

„Das ist so", erklärte der Fuchs. „Im Augenblick bist du für mich nur ein kleiner Junge wie hunderttausend andere kleine Jungen. Ich brauche dich nicht und du brauchst mich auch nicht. Für dich bin ich nur ein Fuchs wie hunderttausend andere Füchse. Aber wenn du mich zähmst, dann werden wir einander brauchen. Du wirst für mich einzigartig sein. Und ich werde für dich einzigartig sein."

„Langsam verstehe ich", sagte der kleine Prinz. „Es gibt da eine Blume … Ich glaube, sie hat mich gezähmt."

„Schon möglich", sagte der Fuchs. „Auf der Erde passieren die seltsamsten Dinge."

„Oh, das ist nicht auf der Erde", sagte der kleine Prinz. „Es ist auf einem anderen Planeten."

Der Fuchs wurde neugierig: „Gibt es Jäger auf diesem Planeten?"

„Nein", sagte der kleine Prinz. „Und auch keine Hühner."

„Nichts ist vollkommen", seufzte der Fuchs. Dann fuhr er fort: „Mein Leben ist ziemlich langweilig. Ich jage die Hühner und die Menschen jagen mich. Die Hühner sind alle gleich, die Menschen sind auch alle gleich. Aber wenn du mich zähmst, dann wird in meinem Leben plötzlich die Sonne scheinen. Ich werde den Klang deiner Schritte von allen anderen unterscheiden können. Normalerweise verschwinde ich schnell in meinem Bau, wenn ich Schritte höre. Aber der Klang deiner Schritte wird mich unter der Erde hervorlocken wie eine hübsche Melodie. Und siehst du da drüben die Weizenfelder? Ich esse kein Brot. Für mich sind Weizenfelder bedeutungslos. Aber dein Haar ist blond wie der Weizen. Es wird wunderbar sein, wenn du mich erst einmal gezähmt hast. Jedes Weizenfeld wird mich an dich erinnern. Und ich werde das Rauschen des Windes in den Ähren lieben …" Der Fuchs verstummte und sah den kleinen Prinzen lange an. „Bitte, zähme mich!"

„Ich möchte schon", sagte der kleine Prinz. „Aber ich habe nicht viel Zeit. Ich muss Freunde finden und viele Dinge kennenlernen."

„Man kennt nur, was man gezähmt hat", antwortete der Fuchs. „Aber die Menschen haben ja keine Zeit mehr, irgendetwas kennenzulernen. Sie kaufen sich alles in den Geschäften. Und weil man Freunde nicht im Laden kaufen kann, haben sie keine mehr. Wenn du einen Freund willst, dann zähme mich!"

„Wie geht das denn?", fragte der kleine Prinz.

„Du musst sehr geduldig sein", antwortete der Fuchs. „Zuerst setzt du dich in einiger Entfernung ins Gras. Ich werde dich aus dem Augenwinkel beobachten und am besten sagst du erst einmal nichts. Aber jeden Tag

rückst du ein bisschen näher heran …" Der Fuchs erklärte ihm, dass es feste Gewohnheiten geben müsse. Deshalb sollte er jeden Tag zur selben Zeit kommen. „Wenn du zum Beispiel um vier Uhr nachmittags kommst, dann freue ich mich schon ab drei Uhr darauf. Aber wenn du irgendwann kommst, weiß ich nie, wann ich mit dem Freuen anfangen soll."

So zähmte der kleine Prinz also den Fuchs. Und als die Stunde des Abschieds kam, sagte der Fuchs: „Jetzt muss ich weinen."

„Da bist du selber schuld", antwortete der kleine Prinz. „Du wolltest ja unbedingt gezähmt werden. Was hast du jetzt davon?"

„Ich habe die Farbe des Weizens davon", sagte der Fuchs.

Dann fügte er hinzu: „Geh dir noch einmal die Rosen anschauen. Dann verstehst du, dass deine Rose einzigartig auf der Welt ist. Und dann kommst du noch einmal her und sagst mir Auf Wiedersehen. Dann werde ich dir ein Geheimnis schenken."

Der kleine Prinz ging davon, um die Rosen zu betrachten. „Ihr seht überhaupt nicht aus wie meine Rose, ihr seid noch gar nichts", sagte er zu ihnen. „Niemand hat euch gezähmt. Ihr seid so, wie vorher mein Fuchs war, ein Fuchs wie tausend andere Füchse. Aber jetzt ist er mein Freund und jetzt ist er für mich einzigartig auf der Welt."

Die Rosen schämten sich sehr.

Der kleine Prinz kehrte zum Fuchs zurück und verabschiedete sich.

„Adieu!", sagte der Fuchs. „Hier ist mein Geheimnis. Es ist ganz einfach: Man sieht nur mit dem Herzen gut. Das Wesentliche ist für die Augen unsichtbar."

„Das Wesentliche ist für die Augen unsichtbar", wiederholte der kleine Prinz, um es sich zu merken.

„Es ist die Zeit, die du mit deiner Rose verbracht hast, die deine Rose so besonders macht", sagte der Fuchs. „Die Menschen haben diese Wahrheit vergessen. Aber du darfst es niemals vergessen. Für das, was man gezähmt hat, ist man für immer verantwortlich. Und du bist verantwortlich für deine Rose."

„Ich bin verantwortlich für meine Rose", wiederholte der kleine Prinz, um es nicht zu vergessen.

Wie wir mitten in der Wüste einen Brunnen fanden

Es war der achte Tag meiner Panne in der Wüste und während mir der kleine Prinz eine Geschichte von seinem Planeten erzählte, trank ich meinen letzten Tropfen Wasser.

„Tja", sagte ich zum kleinen Prinzen. „Deine Erlebnisse sind ja ganz spannend, aber ich habe mein Flugzeug immer noch nicht repariert und ich habe nichts mehr zu trinken."

„Mein Freund, der Fuchs …", fing der kleine Prinz an.

„Es geht hier nicht mehr um deinen Fuchs, mein Kleiner."

„Warum?"

„Weil wir verdursten werden."

„Es ist gut, einen Freund gehabt zu haben", fuhr der kleine Prinz fort, ohne meinen Einwand zu beachten, „auch wenn man sterben muss. Ich bin jedenfalls froh, dass ich einen Fuchs zum Freund hatte."

„Er sieht die Gefahr gar nicht", dachte ich bei mir. „Er hat nie Hunger oder Durst. Alles, was er braucht, ist ein bisschen Sonne."

Aber der kleine Prinz sah mich an, als hätte er meine Gedanken gelesen, und sagte: „Ich habe auch Durst. Komm, wir suchen einen Brunnen."

Ich zuckte mit den Schultern. „Es ist sinnlos, in einer riesigen Wüste aufs Geratewohl nach einem Brunnen zu suchen." Dennoch gingen wir los.

Stundenlang zogen wir schweigend dahin, dann wurde es Nacht und die Sterne begannen zu leuchten. Sie erschienen mir wie im Traum, denn ich hatte schon Fieber vor lauter Durst. Die Worte des kleinen Prinzen tanzten mir durch den Kopf: „Du hast also auch Durst?", fragte ich ihn.

Aber er antwortete nicht, sondern sagte nur: „Wasser kann auch dem Herzen gut-tun." Ich verstand seine Antwort nicht, aber ich wusste ja, dass man ihn nichts fragen durfte. Er setzte sich. Ich setzte mich neben ihn. Nach einer Pause sagte er: „Die Sterne sind schön, weil sie mich an eine Blume erinnern, die ich nicht sehen kann."

Ich betrachtete schweigend die Sand-dünen unter dem Mond.

„Die Wüste ist auch schön", fügte er hinzu.

Und das stimmte. Ich habe die Wüste immer geliebt. Man setzt sich auf eine Sanddüne. Man sieht nichts. Man hört nichts. Und dennoch ist da dieses stille Strahlen.

„Was die Wüste so schön macht", sagte der kleine Prinz, „ist, dass sich irgendwo in ihr ein Brunnen versteckt."

Und plötzlich verstand ich das stille Strahlen des Sandes. Als ich ein kleiner Junge war, habe ich in einem alten Haus gewohnt, in dem angeblich ein Schatz versteckt war. Er wurde nie gefunden, aber es hat wahrscheinlich auch niemand danach gesucht. Dennoch hat der Schatz das Haus verzaubert. Mein Haus verbarg ein Geheimnis tief in seinem Inneren.

„Ja", sagte ich zum kleinen Prinzen. „Ob es nun um ein Haus geht, um die Sterne oder um die Wüste, was sie so schön macht, das sieht man nicht."

„Ich bin froh", sagte er, „dass du mit meinem Fuchs einer Meinung bist."

Er schlief ein und ich nahm ihn auf die Arme und setzte meinen Weg fort. Es kam mir vor, als trüge ich einen zerbrechlichen Schatz. Ich betrachtete sein blasses Gesicht, die geschlossenen Augen, die Haarsträhnen, die im Wind zitterten, und sagte zu mir selbst: „Was ich hier sehe, ist nur eine Hülle. Das Wesentliche ist unsichtbar …"

Der kleine Prinz schien im Schlaf zu lächeln. Das Bild seiner geliebten Rose strahlte in ihm wie der Schein einer Kerze, selbst wenn er schlief. Er kam mir noch zerbrechlicher vor als vorher. Man muss gut aufpassen auf die Kerzen; schon ein Windstoß kann sie zum Erlöschen bringen.

Und wie ich so weiterlief, entdeckte ich bei Tagesanbruch den Brunnen. Er sah gar nicht aus wie ein Brunnen in der Sahara. Das sind einfache Löcher, die in den Sand gegraben werden. Dieser hier sah aus wie ein Dorfbrunnen. Hier gab es aber gar kein Dorf und ich glaubte zu träumen.

„Seltsam", sagte ich zum kleinen Prinzen, „alles ist bereit: die Rolle, der Eimer und das Seil." Er lachte und zog am Seil. Die Rolle knarrte wie eine Wetterfahne, wenn der Wind lange geschlafen hat.

„Hörst du", sagte der kleine Prinz. „Wir wecken den Brunnen auf und jetzt singt er."

„Lass mich das machen", sagte ich. „Das ist zu schwer für dich."

Langsam zog ich den Eimer hoch bis zum Brunnenrand. Das Wasser zitterte in der Sonne.

„Ich habe Durst nach diesem Wasser", sagte der kleine Prinz. „Gib mir zu trinken." Ich hob den Eimer an seine Lippen und er trank mit geschlossenen Augen. Und ich verstand, was er gesucht hatte. Dieses Wasser löschte nicht einfach nur den Durst. Es war dem langen Weg durch die Wüste entsprungen, dem Gesang der Rolle, der Anstrengung meiner Arme. Es tat dem Herzen gut, es war wie ein Geschenk. Genauso machten damals, als ich ein kleiner Junge war, die Lichter des Weihnachtsbaumes, die Musik der Mitternachtsmesse und das liebevolle Lächeln den eigentlichen Zauber der Geschenke aus, die ich bekam.

Später, als wir beide getrunken und uns erholt hatten, setzte sich der kleine Prinz wieder zu mir. „Du musst dein Versprechen halten", sagte er. „Du weißt schon … der Maulkorb für mein Schaf … ich bin verantwortlich für diese Blume."

Ich zog meinen Skizzenblock aus der Tasche und kritzelte ihm einen Maulkorb. Dabei hatte ich das ungute Gefühl, dass er etwas vorhatte.

„Weißt du, mein Sturz auf die Erde", sagte er. „Morgen ist es ein Jahr her. Es war hier ganz in der Nähe." Er wurde rot.

„Es war also kein Zufall, dass du hier vor acht Tagen ganz allein herumspaziert bist?", fragte ich. „Wolltest du zurück an die Absturzstelle?"

Der kleine Prinz antwortete nie auf Fragen. Aber er wurde wieder rot, und wenn man rot wird, dann bedeutet das so viel wie „ja", nicht wahr? Ich bekam Angst. Der kleine Prinz sagte: „Du musst zurück zu deinem Flugzeug. Ich warte hier auf dich. Komm morgen Abend wieder."

Das beruhigte mich nicht. Ich dachte an den Fuchs. Wenn man sich zähmen lässt, dann kann es sein, dass man manchmal weinen muss …

Wie der kleine Prinz mich verließ

In der Nähe des Brunnens stand eine alte Steinmauer. Als ich am nächsten Abend zurückkam, sah ich schon von Weitem den kleinen Prinzen dort oben sitzen und mit den Beinen baumeln. Und ich hörte ihn reden.

„Erinnerst du dich denn nicht?", sagte er. „Es war nicht ganz genau hier …" Eine andere Stimme muss geantwortet haben, denn er erwiderte darauf: „Doch, es ist der gleiche Tag, aber nicht der gleiche Ort." Ich ging näher heran und hörte wieder den kleinen Prinzen antworten: „Natürlich. Du wirst sehen, wo meine Spur im Sand beginnt. Du musst dort nur auf mich warten. Heute Nacht werde ich da sein."

Ich war jetzt zwanzig Meter von der Mauer entfernt und konnte immer noch nichts sehen. Der kleine Prinz sagte nach einer Pause: „Hast du auch gutes Gift? Bist du sicher, dass es nicht lange wehtun wird?" Ich blieb stehen und mein Herz krampfte sich zusammen. Aber ich verstand noch immer nicht.

„Geh jetzt weg", sagte er, „ich will wieder runter." Als ich zum Fuß der Mauer blickte, machte ich einen Satz. Da unten ringelte sich eine dieser gelben Schlangen, die einen innerhalb von dreißig Sekunden umbringen können, und reckte sich zu dem kleinen Prinzen empor.

Ich rannte los und suchte in der Tasche nach meinem Revolver, aber die Schlange glitt schon durch den Sand davon und verschwand zwischen den Steinen. Ich kam gerade rechtzeitig vor der Mauer an, um den kleinen Prinzen aufzufangen. Er war weiß wie Schnee.

„Was ist denn das für eine Geschichte? Redest du jetzt mit Schlangen?", rief ich.

Er schaute mich ernst an und legte seine Arme um meinen Hals. Ich fühlte sein Herz heftig klopfen.

Er sagte: „Ich bin froh, dass du den Schaden an deiner Maschine gefunden hast. Du wirst nach Hause zurückkehren können."

Woher wusste er das? Ich hatte ihm doch gerade erst erzählen wollen, dass es mir gelungen war, das Flugzeug zu reparieren!

„Ich werde heute auch nach Hause zurückkehren", fuhr er fort. „Aber das ist viel weiter ... und viel schwieriger." Sein Blick verlor sich in der Ferne. „Ich habe dein Schaf. Und ich habe die Kiste für das Schaf. Und ich habe den Maulkorb." Er lächelte traurig und ich merkte, dass er große Angst hatte. Ich konnte den Gedanken nicht ertragen, dass ich ihn nie mehr lachen hören würde. Sein Lachen war für mich wie ein Brunnen in der Wüste.

„Heute Nacht wird mein Stern genau über der Stelle stehen, wo ich letztes Jahr heruntergefallen bin", fuhr der kleine Prinz fort.

„Aber das ist doch nur ein böser Traum, Kerlchen, diese Geschichte mit der Schlange und dem Treffen und dem Stern, nicht wahr?"

Er antwortete nicht auf meine Frage. Er sagte: „Was wichtig ist, das sieht man nicht. Das ist wie mit der Blume. Wenn du eine Blume liebst, die auf einem Planeten lebt, dann ist es schön, nachts in den Himmel zu schauen. Alle Sterne sind voller Blumen."

„Ja, schon", sagte ich.

„Nachts wirst du zu den Sternen aufschauen. Ich kann dir meinen nicht zeigen, er ist viel zu klein. Mein Stern wird für dich nur einer von vielen Sternen sein. So wirst du gern zu allen Sternen aufschauen, sie werden alle deine Freunde sein. Und ich habe noch ein Geschenk für dich."

Er lachte.

„Ach, Kerlchen, ich höre dich so gerne lachen!"

„Genau das ist mein Geschenk."

„Wie meinst du das?"

„Die Sterne bedeuten für jeden etwas anderes. Für die Reisenden sind die Sterne Wegweiser. Für andere sind sie nichts als kleine Lichtpunkte. Für die Gelehrten sind sie Probleme. Für meinen Geschäftsmann waren sie aus Gold. Aber alle diese Sterne schweigen. Nur du wirst Sterne haben wie sonst niemand. Weil ich auf einem von ihnen wohnen und lachen werde, wird es für dich sein, als ob alle Sterne lachen. Nur du wirst Sterne haben, die lachen können."

Er lachte wieder. „Und wenn du dich getröstet hast (und man tröstet sich immer), dann wirst du froh sein, dass du mich kennengelernt hast. Du wirst immer mein Freund sein. Du wirst Lust haben, mit mir zu lachen. Und manchmal öffnest du dann einfach das Fenster und deine Freunde werden sich darüber wundern, dass du zum Himmel aufschaust und lachst. Dann sagst du: ,Ja, die Sterne, die bringen mich immer zum Lachen.' Und dann halten sie dich für verrückt." Und er lachte noch einmal.

Dann wurde er wieder ernst.

„Heute Nacht … weißt du … komm nicht. Es wird aussehen, als wäre ich krank, ein bisschen, als würde ich sterben. Es ist nicht nötig, dass du dir das anschaust."

„Ich werde dich nicht verlassen", sagte ich.

Aber er machte sich Sorgen, dass mich die Schlange beißen könnte.

„Ich werde dich nicht verlassen", wiederholte ich.

Für einen zweiten Biss haben Schlangen kein Gift mehr, das beruhigte ihn.

Ich bekam nicht mit, wie er sich in dieser Nacht auf den Weg machte. Er stahl sich lautlos davon. Als ich ihn einholte, marschierte er zügig voran. „Ach, da bist du ja …" Er nahm meine Hand. Aber er machte sich immer noch Sorgen. „Es wird dir wehtun. Es wird aussehen, als wäre ich tot, aber das stimmt nicht."

Ich schwieg.

„Verstehst du? Es ist zu weit. Ich kann diesen Körper nicht mitnehmen. Er ist zu schwer."

Ich schwieg.

„Er wird daliegen wie eine alte, abgeworfene Hülle. Darum braucht man nicht traurig zu sein."

Ich schwieg.

Er verlor ein bisschen den Mut. Aber noch gab er sich Mühe.

„Weißt du, es wird richtig nett werden. Auch ich werde zu den Sternen aufschauen. Alle Sterne werden für mich Brunnen in der Wüste sein und mir zu trinken geben."

Dann schwieg er auch, denn er weinte.

Als wir die Stelle erreichten, sagte er: „Hier ist es." Er setzte sich, weil er Angst hatte. Dann sagte er: „Lass mich den letzten Schritt ganz allein tun." Ich setzte mich auch, denn ich konnte mich nicht mehr auf den Beinen halten. Er zögerte noch ein bisschen, dann erhob er sich. Er tat einen Schritt. Die Schlange hatte im Sand auf ihn gewartet. Sie war kaum mehr als ein gelber Blitz an seinem Knöchel. Einen Moment lang stand er reglos da, dann fiel er ganz langsam um, wie ein Baum fällt. Wegen dem Sand hörte man es nicht einmal.

Warum die Sterne manchmal lachen und manchmal weinen

Das alles ist jetzt bestimmt schon sechs Jahre her. Ich habe diese Geschichte noch nie erzählt. Ich weiß, dass der kleine Prinz auf seinen Planeten zurückgekehrt ist, denn als es Tag wurde, habe ich seinen Körper nicht mehr gefunden. Das hat mich ein wenig getröstet. Es war wohl doch kein besonders schwerer Körper. Und ich liebe es, nachts den Sternen zuzuhören, die glockenhell lachen …

Und dann passiert etwas Seltsames. Der Maulkorb, den ich für den kleinen Prinzen gemalt habe – plötzlich fällt mir ein, dass ich ganz vergessen habe, einen Lederriemen dranzumachen! Er wird ihn niemals seinem Schaf anlegen können. Also frage ich mich: „Was ist wohl auf seinem Planeten geschehen? Hat das Schaf doch noch die Blume gefressen?"

Manchmal sage ich mir: „Bestimmt nicht! Der kleine Prinz stellt seine Blume doch nachts immer unter die Glashaube und er passt gut auf sein Schaf auf." Dann bin ich glücklich. Und alle Sterne lachen leise.

Ein anderes Mal sage ich mir: „Es reicht schon, wenn man ab und zu etwas zerstreut ist. Eines Abends hat er die Glashaube vergessen oder das Schaf ist nachts lautlos entwischt …" Und dann weinen die Sterne!

Das ist ein wirkliches Geheimnis. Für euch, die ihr den kleinen Prinzen auch liebt, ebenso wie für mich, denn für uns macht es einen großen Unterschied, ob irgendwo ein Schaf, das wir nicht kennen, eine Rose gefressen hat oder nicht …

Schaut hinauf zum Himmel. Fragt euch: „Hat das Schaf nun die Blume gefressen, ja oder nein?" Und ihr werdet sehen, wie sich alles verändert … Und kein Erwachsener wird jemals verstehen, wie wichtig das ist.

Das hier ist für mich die schönste und die traurigste Landschaft der Welt. Es ist dieselbe Landschaft wie auf der vorigen Seite, aber ich habe sie noch einmal gemalt, um euch etwas zu zeigen. Genau hier ist der kleine Prinz auf der Erde erschienen und dann wieder verschwunden. Seht euch diese Landschaft genau an, damit ihr sie auch bestimmt wieder-erkennt, falls ihr eines Tages in Afrika unterwegs seid, in der Wüste.

Und wenn ihr zufällig dort vorbeikommt, dann bitte ich euch, lasst euch Zeit, bleibt ein bisschen stehen, genau unter dem Stern. Falls dann ein Kind auf euch zukommt, falls es lacht, falls es weizenblondes Haar hat und nicht auf eure Fragen antwortet, dann ahnt ihr wohl, wer das ist! Und dann seid so gut und lasst mich nicht länger so traurig sein: Schreibt mir schnell, dass er wieder da ist …

Kenneth Grahame

Der Wind in den Weiden

Am Fluss

Der Maulwurf machte Frühjahrsputz in seiner kleinen Wohnung und hatte den ganzen Morgen schwer geschuftet. Erst mit dem Besen, dann mit dem Staubwedel; dann kletterte er auf eine Leiter und hantierte mit Pinsel und Farbe, bis sein schwarzes Fell weiß gesprenkelt war und ihm alles wehtat. Draußen rumorte der Frühling, in der Luft und auf der Erde, und er drang bis in das unterirdische Heim des Maulwurfs. Kein Wunder, dass der Maulwurf plötzlich den Pinsel hinwarf! „Zum Teufel mit dem Frühjahrsputz", rief er und stürmte zur Tür hinaus. Er zwängte sich durch den engen, steilen Tunnel nach oben und buddelte und grub mit seinen kleinen Schaufelhänden, bis seine Nase endlich – plopp! – zum warmen Sonnenlicht durchbrach und er in das warme Gras einer großen Wiese purzelte.

„Wunderbar!", dachte er, als die Sonne ihm den Pelz wärmte. „Viel besser als putzen!" Übermütig sprang er mit allen vieren in die Luft. Dann trollte er sich über die Wiese. Überall bauten die Vögel ihre Nester, Blumen blühten und Bäume rollten ihre Blätter aus. Eine Weile wanderte er ziellos umher, an der Hecke entlang und über die Hügel, bis er ans Ufer eines großen Flusses kam. So etwas hatte er in seinem ganzen Leben noch nicht gesehen. Wie das murmelte und plätscherte und rauschte und strömte und glitzerte und funkelte! Völlig verzaubert trabte der Maulwurf am Ufer entlang. Schließlich wurde er müde und setzte sich in die Böschung. Und wie er da saß und das gegenüberliegende Flussufer betrachtete, bemerkte er ein dunkles Loch knapp über der Wasser-oberfläche. „Was für ein hübsches Plätzchen", dachte er. Da erschien in dem dunklen Loch ein heller Fleck. Er blinkte wie ein winziger Stern. Jetzt zwinkerte er. Und dann tauchte rundherum ein kleines braunes Gesicht auf, mit Schnurrbarthaaren, hübschen Ohren und einem seidigen Fell. Es war die Wasserratte!

„Hallo Maulwurf!", sagte die Wasserratte.

„Hallo Ratte!", sagte der Maulwurf.

„Willst du nicht rüberkommen?", fragte die Ratte nach einer Weile.

„Du hast gut reden!", sagte der Maulwurf, denn er wusste gar nicht, wie er das machen sollte.

Die Ratte antwortete nicht, sondern beugte sich hinunter, löste eine Leine und sprang leichtfüßig in ein Boot. Es war blau-weiß gestrichen und gerade groß genug für zwei; es gefiel dem Maulwurf auf Anhieb. Die Ratte ruderte zügig über den Fluss und legte an. Sie streckte ihre Vorderpfote aus. „Na los, halt dich an mir fest!", sagte sie und plötzlich saß der Maulwurf zu seinem eigenen Erstaunen im Heck eines echten Bootes.

„Was für ein wundervoller Tag!", sagte er, während die Ratte wieder auf den Fluss hinausruderte. „Ich habe noch nie in einem Boot gesessen, weißt du!"

„Das gibt's doch gar nicht!", rief die Ratte erstaunt. „Dabei gibt es nichts Besseres, als einfach so mit einem Boot herumzuschippern." Und träumerisch wiederholte sie: „Einfach so, mit einem Boot … einfach so …"

„Vorsicht!", rief der Maulwurf. Aber es war zu spät. Das Boot krachte gegen die Böschung. Die Ratte fiel auf den Rücken und streckte alle vier Beine in die Luft. Aber sofort sprang sie wieder auf.

„Weißt du, was!", rief sie unternehmungslustig. „Wir machen heute einen Ausflug und fahren den Fluss hinunter."

„Das ist ja wirklich ein wundervoller Tag!", seufzte der Maulwurf wonnig und wackelte vor lauter Glück mit den Zehen. „Lass uns gleich losfahren."

„Momentchen", sagte die Ratte. Sie vertäute das Boot am Steg, verschwand in ihrem Loch und kam gleich darauf mit einem Picknick- korb wieder heraus.

„Schieb das unter die Sitzbank!", sagte sie und reichte dem Maulwurf den Korb.

Dann sprang sie ins Boot und ruderte los. Der Maulwurf lag verzückt auf seinem Kissen, ließ eine Pfote durchs Wasser trudeln und träumte vor sich hin.

„Du lebst also am Fluss", sagte er schließlich.

„Am Fluss und im Fluss und auf dem Fluss und mit dem Fluss", sagte die Ratte. „Das ist meine Welt und ich wünsche mir keine andere."
„Und was ist da drüben?"

„Das ist der Wilde Wald", antwortete die Ratte. „Wir Flussbewohner lassen uns dort nicht oft blicken. Dort wohnen die Eichhörnchen und Kaninchen und Wiesel und Füchse und natürlich der Dachs."

„Und dahinter?"

„Dahinter liegt die große weite Welt", sagte die Ratte. „Aber die interessiert uns nicht."

Sie ruderten bis zu einem Stausee. Die Ratte machte das Boot am Ufer fest und hievte den Picknickkorb an Land. Der Maulwurf wollte alles alleine auspacken; die Ratte ließ ihn gewähren und bald waren alle Leckereien auf einer Decke verteilt.

„Lang tüchtig zu, alter Freund!", sagte die Ratte. Das ließ sich der Maul- wurf nicht zweimal sagen, denn er hatte seit dem frühen Morgen nichts mehr gegessen.

Plötzlich tauchte eine breite, glänzende Schnauze an der Uferböschung auf. Der Otter hievte sich aus dem Fluss und schüttelte sich das Wasser aus dem Fell.

„Du alter Geizhals!", sagte er und beäugte das Picknick. „Warum hast du mich nicht eingeladen, Ratte?"

Etwas raschelte in der Hecke hinter ihnen und ein schwarz-weiß gestreifter Kopf erschien. „Komm ruhig näher, alter Dachs!", rief die Ratte. Der Dachs machte zwei Schritte vor; dann murmelte er: „Ach herrje, Gesellschaft!", machte kehrt und verschwand.

„So ist er eben", seufzte die Ratte enttäuscht. „Er ist am liebsten allein. Den sehen wir heute nicht wieder."

„Der Kröterich ist auch unterwegs", bemerkte der Otter. „In seinem nagelneuen Rennboot."

Die Ratte lachte. „Erst war es das Segeln, dann war es das Kanufahren. Letztes Jahr war es das Hausboot. Dauernd hat er einen neuen Fimmel."

„Er ist ein netter Kerl", sagte der Otter. „Aber er bleibt nie lange bei einer Sache, das ist sein Fehler!" Und mit einem großen „Platsch!" war auch der Otter wieder verschwunden.

Die Sonne stand schon tief über dem Fluss, als die Ratte und der Maulwurf heimwärts fuhren.

„Lass mich auch mal rudern!", bat der Maulwurf.

„Lieber nicht", sagte die Ratte. „Es ist nicht so einfach, wie es aussieht." Aber der Maulwurf, der nicht verstand, was daran so schwer sein sollte, stand plötzlich auf und griff nach den Rudern. Die Ratte fiel vor lauter Überraschung auf den Rücken. „Lass das!", rief sie. „Du bringst uns noch zum Kentern!" Und da war es auch schon passiert! Das Boot kippte zur Seite und der Maulwurf, die Ratte und der Picknickkorb plumpsten ins Wasser.

Oh weh, wie kalt das Wasser war, und wie nass! Der Maulwurf strampelte und japste und sank tiefer und tiefer. Dann packte ihn eine kräftige Pfote am Kragen und zog ihn nach oben. Die Ratte hatte sich ein Ruder geschnappt, legte den nassen Maulwurf darüber und brachte ihn ans Ufer. Und während der arme Maulwurf pitschnass und wie ein Häuflein Elend am Ufer saß, tauchte die Ratte nach dem Picknickkorb.

Als schließlich alles wieder da war, das Boot, die Ruder, der Korb, und der Maulwurf wieder im Heck Platz nehmen konnte, sagte er beschämt: „Was bin ich doch für ein Trottel."

„Ist schon gut!", sagte die Ratte gut gelaunt. „Das bisschen Wasser tut einer Wasserratte nichts! Aber du solltest schwimmen lernen – und rudern. Am besten kommst du mit zu mir und ich bringe es dir bei." Da vergoss der Maulwurf vor lauter Glück ein paar Tränen; und die Ratte schaute höflich in eine andere Richtung.

Zu Hause machte die Ratte ein Feuer, setzte den Maulwurf in den Sessel zum Aufwärmen und erzählte ihm bis zum Abendessen Geschichten vom Fluss. Der Maulwurf war schrecklich müde nach diesem wunderschönen, langen Tag und ging bald zu Bett. Kaum hatte er den Kopf auf sein Kissen gelegt, da schlief er auch schon zufrieden und glücklich ein und sein neuer Freund, der Fluss, plätscherte leise unter seinem Fenster.

Auf der Landstraße

„Ratte", sagte der Maulwurf ganz unverhofft eines strahlenden Sommertags, „darf ich dich um einen Gefallen bitten?"

Die Ratte war den ganzen Tag im Fluss herumgeschwommen und hatte die Enten geärgert. Jetzt saß sie am Ufer und sang vor sich hin.

„Könnten wir nicht mal den Kröterich besuchen? Ich habe doch schon so viel von ihm gehört."

„Natürlich!", sagte die Ratte und sprang auf. „Hol schon mal das Boot! Der Kröterich freut sich immer über Besuch."

„Dann muss er aber ein sehr nettes Tier sein", stellte der Maulwurf fest.

„Er ist der Beste", bestätigte die Ratte. „Er ist vielleicht nicht besonders schlau und ein Angeber ist er auch, aber er hat ein gutes Herz."

Krötinhall war ein großer, alter Landsitz aus verwitterten roten Ziegelsteinen mit einem großen Garten, der bis zum Wasser reichte. Die Ratte legte am Bootshaus an und sie entdeckten den Kröterich in einem Gartenstuhl mit einer Landkarte auf den Knien.

„Wie schön!", rief der Kröterich, als er sie erblickte, und sprang auf. „Gerade wollte ich ein Boot nach euch schicken – ich brauche dringend eure Hilfe!"

„Geht es ums Rudern?", fragte die Ratte.

„Ach was, rudern!", rief der Kröterich. „Das mache ich schon lange nicht mehr. Nein, ich habe jetzt das Richtige gefunden. Kommt mit und ich zeige es euch!"

Er führte sie über den Hof zu den Stallungen. Dort stand ein Wohnwagen, knallgelb angemalt, mit roten Rädern und grünen Verzierungen, und war so neu, dass er blitzte.

„Da seht ihr's!", rief der Kröterich stolz. „Über die Landstraße, über die Heide, heute hier, morgen da – das ist doch das wahre Leben! Und dieser Wagen ist das Beste, was jemals gebaut worden ist."

Der Maulwurf folgte ihm neugierig ins Innere des Wagens. Dort war es geräumig und bequem: Es gab zwei Betten, einen Tisch, einen Herd, Schränke, Bücherregale und jede Menge Töpfe und Pfannen.

„Alles schon da!", sagte der Kröterich und zog ein paar Schubladen auf: „Briefpapier, Verpflegung, Karten, Dominosteine – wir können gleich heute Nachmittag losfahren."

„Sagtest du: wir?", fragte die Ratte langsam. „Losfahren? Heute Nachmittag?"

„Liebe Ratte!", rief der Kröterich. „Ihr müsst einfach mitfahren. Ohne euch bin ich aufgeschmissen. Du willst doch wohl nicht dein ganzes Leben an diesem langweiligen Fluss verbringen?"

„Oh doch, das will ich!", entgegnete die Ratte. „Und der Maulwurf auch, stimmt's?"

„Natürlich will ich das", sagte der Maulwurf. „Obwohl ... andererseits ... es klingt, als hätte es ganz lustig werden können."

Armer Maulwurf! Der knallgelbe Wagen hatte es ihm angetan. Aber er hielt natürlich treu zu der Ratte. Die Ratte schwankte. „Kommt rein", sagte der Kröterich, der sie genau beobachtete. „Wir essen erst einmal etwas. Ihr müsst euch ja nicht sofort entscheiden."

Beim Mittagessen schilderte der Kröterich ihnen die Freuden des Lebens auf der Landstraße in den schillerndsten Farben und der Maulwurf konnte vor Aufregung kaum stillsitzen. Die gutmütige Ratte wollte ihren Freund nicht enttäuschen – und so war die Sache bald entschieden.

Der siegreiche Kröterich spannte den alten Grauschimmel vor den Wagen und die Reise konnte losgehen. Es war ein goldener Nachmittag. In den Obstgärten sangen die Vögel, Wanderer grüßten freundlich im Vorbeigehen und die Kaninchen am Wegesrand warfen die Vorderpfoten in die Luft und riefen: „Oh wei, oh wei, oh wei!"

Später am Abend suchten sie sich einen ruhigen Platz auf einer Wiese, spannten das Pferd aus und machten Abendbrot. Der Kröterich redete von den Heldentaten, die er in den nächsten Tagen vollbringen wollte, die Sterne erschienen am Himmel und auch der Mond gesellte sich zu ihnen und lauschte. Als sie schließlich alle in ihre Schlafkojen gekrochen waren, bekam die Ratte Heimweh nach ihrem Fluss. Der Maulwurf nahm ihre Pfote und drückte sie. „Sollen wir morgen einfach weglaufen – zurück an unseren Fluss?", fragte er leise.

„Nein", flüsterte die Ratte zurück. „Wir können den Kröterich jetzt nicht allein lassen. Es wird sicher bald vorbei sein, wie immer. Gute Nacht!"

Es war schneller vorbei, als die Ratte ahnen konnte.

Nach all der frischen Luft und der ganzen Aufregung schlief der Kröterich tief und fest und war am nächsten Morgen durch nichts zu wecken. Also machten sich die Ratte und der Maulwurf an die Arbeit, kauften Brot und Eier im nächsten Dorf, wuschen das Geschirr von gestern, versorgten das Pferd und bereiteten das Frühstück zu. Und gerade, als sie damit fertig waren, erschien Kröterich, frisch und ausgeruht, und bemerkte: „Wie herrlich, dass wir uns hier nicht um den Haushalt kümmern müssen!"

Den ganzen Tag rumpelten sie über Felder und Wiesen und abends suchten sie sich erneut ein ruhiges Plätzchen zum Übernachten.

Am Morgen darauf war der Kröterich schon nicht mehr so begeistert vom einfachen Leben auf der Straße – denn diesmal musste er auch mit anpacken. Sie fuhren den ganzen Morgen schmale Feldwege entlang, bis sie schließlich auf eine Landstraße kamen. Und dort brach das Verhängnis über sie herein!

Der Maulwurf schritt voran und unterhielt sich mit dem Pferd, die Ratte und der Kröterich schlenderten hinter dem Wagen her, als sie plötzlich ein drohendes Brummen vernahmen, wie das Summen einer Biene. Als sie sich umdrehten, erblickten sie eine kleine Staubwolke mit einem dunklen Punkt in der Mitte, die sich mit erstaunlicher Geschwindigkeit und lautem „Tuuut-tuut“ näherte.

In der nächsten Sekunde verwandelte sich die friedliche Szene in einen Tumult aus Lärm und Wind, die Hupe gellte in ihren Ohren und während sie in den nächsten Straßengraben sprangen, verschwand das Automobil schon inmitten einer Staubwolke wieder in der Ferne. Der alte Grauschimmel, der eben noch von seiner Weide geträumt hatte, bäumte sich auf, schlug aus und schob den knallgelben Wohnwagen dann langsam rückwärts in den Straßengraben. Mit einem herzzerreißenden Krachen fiel er um.

„Halunken!“, schrie die Ratte und schüttelte ihre Fäuste. „Verbrecher! Rüpel!“

Der Maulwurf versuchte unterdessen, das Pferd zu beruhigen. Nur der Kröterich saß mit ausgestreckten Beinen und glasigem Blick auf der Straße, starrte der schnell kleiner werdenden Staubwolke hinterher und murmelte abwesend vor sich hin: „Tuut-tuut! Oh, was für ein Glück! Das ist doch die EINZIGE Art zu reisen! Tuut-tuut! Und ich habe bisher nicht einmal etwas davon geahnt!“

„Was hat er?“, fragte der Maulwurf.

„Einen neuen Fimmel“, antwortete die Ratte kurz angebunden. „Da kann man nichts machen. Am besten, wir kümmern uns erst mal um den Wagen.“ Aber der Wagen war für die Weiterfahrt nicht mehr zu gebrauchen – die Achsen waren in einem hoffnungslosen Zustand und ein Rad war abgesprungen und zerbrochen.

Die Ratte nahm das Pferd am Zügel. „Komm", sagte sie zum Maulwurf. „Wir laufen ins nächste Dorf."

„Und was machen wir mit dem Kröterich?", fragte der Maulwurf.

„Zum Teufel mit dem Kröterich!", sagte die Ratte grimmig.

Sie waren jedoch noch nicht weit gegangen, da hörten sie ein Trappeln hinter sich und bald hatte der Kröterich sie eingeholt.

„Pass mal auf, Kröterich!", sagte die Ratte. „Sobald wir im Dorf sind, gehst du zur nächsten Polizeistation und zeigst diesen Autofahrer an. Der Maulwurf und ich suchen inzwischen ein Hotel und dort bleiben wir, bis der Wohnwagen repariert ist."

„Anzeigen?", sagte der Kröterich verträumt. „Anzeigen soll ich dieses himmlische Gefährt? Vergesst den Wohnwagen – mit Wohnwagen bin ich fertig! Ach – nur euch habe ich es zu verdanken, dass mir diese wunderschöne Erscheinung begegnet ist!"

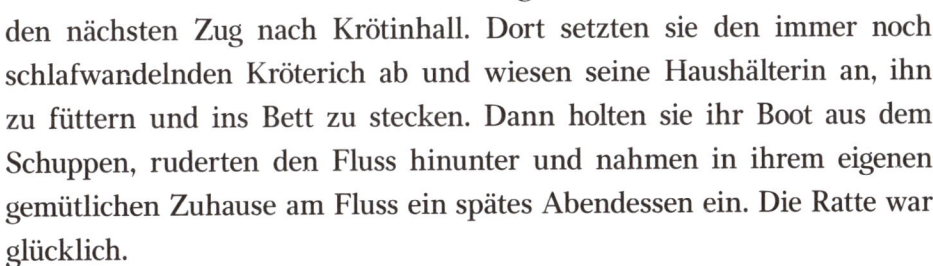

Die Ratte seufzte. „Ich gebe es auf!"

Als sie das Dorf erreicht hatten, brachten sie das Pferd in einem Mietstall unter, gingen schnurstracks zum Bahnhof und bestiegen den nächsten Zug nach Krötinhall. Dort setzten sie den immer noch schlafwandelnden Kröterich ab und wiesen seine Haushälterin an, ihn zu füttern und ins Bett zu stecken. Dann holten sie ihr Boot aus dem Schuppen, ruderten den Fluss hinunter und nahmen in ihrem eigenen gemütlichen Zuhause am Fluss ein spätes Abendessen ein. Die Ratte war glücklich.

Am nächsten Abend saß der Maulwurf gerade beim Angeln, als die Ratte angelaufen kam. „Schon gehört?", rief sie. „Überall am Fluss reden sie nur davon! Der Kröterich ist in die Stadt gefahren und hat sich ein Auto bestellt – das größte und teuerste!"

Im Wilden Wald

Schon lange wollte der Maulwurf den Dachs kennenlernen. Aber wann immer er die Ratte darauf ansprach, machte sie Ausflüchte. „Könntest du ihn nicht zum Abendessen einladen?"

„Er würde nicht kommen", antwortete die Ratte kurz. „Er hasst Gesellschaft."

„Und wenn wir IHN besuchen gehen?"

„Das kann er erst recht nicht leiden", sagte die Ratte. „Er wird schon irgendwann auftauchen."

Aber er tauchte nicht auf. Und dann war der Sommer vorbei. Kälte und Matsch verbannten sie ins Haus und an Bootsfahrten war nicht mehr zu denken. Die Gedanken des Maulwurfs kehrten zurück zum Dachs, der ganz allein in seinem Bau mitten im Wilden Wald lebte. Er beschloss, den Wilden Wald auf eigene Faust zu erkunden, und vielleicht traf er dabei ja auch den Dachs.

Es war ein stiller, frostiger Nachmittag, als der Maulwurf die warme Stube verließ und sich auf den Weg in den Wald machte. Zuerst gab es dort nichts, was ihn beunruhigte. Zweige knackten unter seinen Füßen, Äste brachten ihn zum Stolpern und seltsame Pilze an den Baumstämmen erregten seine Aufmerksamkeit – aber das war aufregend und machte Spaß. Er lief weiter und weiter, bis dorthin, wo das Licht nachließ und die Bäume immer enger zusammenrückten. Hier war es vollkommen still; das Licht schien durch alle Ritzen zu entrinnen.

Dann erschienen die Gesichter. Der Maulwurf blickte über die Schulter zurück und sah die erste Fratze, klein und böse, die ihn aus einem Loch heraus anschaute. Als er genauer hinsah, war sie verschwunden.

Er lief schneller. Bestimmt hatte er sich das Gesicht nur eingebildet. Aber plötzlich schienen alle Löcher, an denen er vorbeikam, kleine Gesichter zu haben, und sie starrten ihn alle böse und hasserfüllt an. Der Maulwurf lief noch schneller; er verließ den Weg und lief mitten in den tiefen Wald hinein, denn hier gab es vielleicht keine Löcher.

Aber dann fing das Pfeifen an. Zuerst war es nur schwach und weit hinter ihm zu hören; dann kam es plötzlich von vorne und als er unsicher stehen blieb, kam es von allen Seiten und schrillte durch den ganzen Wald. Sie waren wach und warteten auf ihn, wer immer sie waren! Und er war ganz allein und jede Hilfe weit entfernt!

Dann begann es zu trippeln und zu trappeln. Zuerst dachte der Maulwurf, es seien die fallenden Blätter, so zart und leise war das Geräusch. Doch dann wurde es lauter und hörte sich an wie viele trapsende Pfoten. Schließlich kam es von allen Seiten und schien ihn zu umzingeln. Ein Kaninchen schoss vorbei. „Verschwinde von hier, du Dummkopf!", rief es. Das Trippeln und Trappeln wurde immer lauter, der ganze Wald schien auf den Beinen zu sein, alles rannte und jagte und hetzte – aber wen? Vor lauter Angst begann der Maulwurf jetzt auch zu rennen, aber er wusste nicht, wohin. Er rannte gegen irgendetwas, fiel über etwas und in etwas hinein, er kroch unter etwas hindurch und wich irgendeinem Ding aus. Schließlich versteckte er sich in dem hohlen Stamm einer alten Buche.

Erschöpft kuschelte er sich in die welken Blätter und hoffte, dass er in Sicherheit war. Und wie er da lag und zitterte und dem Pfeifen und Trippeln und Trappeln lauschte, da wusste er auf einmal: Das Furchtbare, das er gerade erlebt hatte – das war die Angst, die Angst im Wilden Wald.

Die Ratte saß unterdessen gemütlich vor dem Kamin und döste. Als ein Holzscheit im Feuer knackte, wachte sie auf und sah sich nach dem Maulwurf um. Aber der Maulwurf war nicht da. „Maulwurf!", rief die Ratte und lief in die Diele. Die Mütze des Maulwurfs hing nicht an ihrem Haken und die Schuhe waren auch weg. Die Ratte ging vor die Tür und suchte nach Spuren. Ja, da waren Spuren – und sie führten geradewegs in den Wilden Wald. Die Ratte machte ein ernstes Gesicht. Dann ging sie ins Haus zurück, bewaffnete sich mit zwei Pistolen und einem Knüppel und machte sich auf den Weg. Es dämmerte bereits, als sie den Waldrand erreichte, aber die Ratte stürzte sich bedenkenlos ins Dickicht und hielt Ausschau nach ihrem Freund. Böse kleine Gesichter tauchten überall in den Löchern auf, verschwanden aber gleich wieder, als sie die Ratte mit ihren Pistolen und dem dicken Knüppel sahen. Auch das Pfeifen und Trippeln hielt nicht lange an – bald war alles wieder still.

„Maulwurf!", rief die Ratte. „Maulwurf, wo bist du? Ich bin's, die Ratte!" Nachdem sie eine Stunde lang gesucht hatte, hörte sie etwas.

„Ratte – bist du es wirklich?", tönte es schwach aus dem Stamm einer Buche. Die Ratte kroch in die Höhle und fand den armen Maulwurf, der immer noch zitterte. „Ach, Ratte", rief er. „Du glaubst ja gar nicht, wie ich mich gefürchtet habe!"

„Du hättest nicht hierherkommen dürfen", antwortete die Ratte. „Wir Flussbewohner kommen immer nur zu zweit. Das ist sicherer."

„Der Kröterich hätte sich bestimmt nicht gefürchtet, nicht wahr?", sagte der Maulwurf beschämt.

„Der Kröterich?" Die Ratte lachte schallend. „Der würde nicht mal für einen Sack Gold seinen Fuß in den Wald setzen." Da fühlte der Maulwurf sich gleich besser.

„Jetzt müssen wir aber sehen, dass wir nach Hause kommen", sagte die Ratte. „Wir wollen ja hier nicht übernachten." Aber der Maulwurf war noch zu erschöpft und so beschlossen sie zu warten, bis der Mond am Himmel stand. Der Maulwurf streckte sich auf den Blättern aus und schlief ein und die Ratte hielt Wache. Als der Maulwurf ausgeschlafen und wieder frisch und munter war, sagte die Ratte: „Na, dann sehen wir mal nach, ob die Luft rein ist." Sie streckte den Kopf aus dem Baum und rief: „Oh – na, so was!"

„Was ist los, Ratte?", fragte der Maulwurf.

„Schnee ist los", antwortete die Ratte. „Es schneit wie verrückt."

Als der Maulwurf hinaussah, hatte der Wald sich vollkommen verändert. Löcher, Gruben und andere dunkle Bedrohungen waren verschwunden, ein funkelnder weißer Teppich hatte alles zugedeckt.

„Tja, da müssen wir jetzt durch", seufzte die Ratte. „Wenn ich bloß wüsste, wo wir genau sind. Durch den Schnee sieht alles so anders aus." Trotzdem machten sie sich tapfer auf den Weg. Aber zwei Stunden später ließen sie sich erschöpft auf einem Baumstumpf nieder. Alles tat ihnen weh, sie waren zerschrammt von mehreren Stürzen und völlig durchnässt. Es schneite immer noch. Der Wald schien keinen Anfang und kein Ende zu haben, und vor allem keinen Ausgang.

„Hier können wir nicht sitzen bleiben", sagte die Ratte. „Es ist zu kalt und der Schnee wird bald so hoch liegen, dass wir nicht mehr durchkommen. Wir müssen uns einen Unterschlupf suchen." Also rafften sie sich wieder auf und kämpften sich weiter durch den Schnee, als der Maulwurf plötzlich stolperte und mit einem kleinen Schrei vornüberfiel.

„Oh, mein Bein!", jammerte er. „Ich muss über eine Wurzel gestolpert sein."

„Komisch", sagte die Ratte. „Wie eine Wurzel sieht das nicht aus." Sie begann, im Schnee zu graben, und auf einmal rief sie: „Hurra!"

„Was hast du gefunden?", fragte der Maulwurf.

„Einen Schuhabtreter", sagte die Ratte und machte einen kleinen Freudentanz.

Der Maulwurf sah sie verständnislos an. „Und was gibt es da zu jubeln? Irgendein Blödmann hat seinen Schuhabtreter hier mitten im Wald liegen lassen, damit andere darüber stolpern und …"

„Verstehst du denn nicht, was das bedeutet, du einfältiges Tier?", fragte die Ratte. „Los, hilf mir graben."

Bald darauf hatten sie auch noch eine Fußmatte freigelegt.

„Na bitte!", rief die Ratte trimphierend.

„Bitte *was*?", fragte der Maulwurf. „Können wir diese Fußmatte vielleicht essen? Können wir uns darunter schlafen legen? Oder auf ihr nach Hause fahren?"

Aber die Ratte grub schon wie eine Besessene weiter und nach weiteren zehn Minuten harter Arbeit erschien eine dunkelgrüne Haustür unter dem Schnee. Daneben hingen eine Glocke und ein Blechschild, auf dem in großen Buchstaben stand: „HERR DACHS".

Der Maulwurf plumpste vor Erstaunen rückwärts in den Schnee. „Ratte!", rief er. „Du bist ein Genie! Du hast es gleich geahnt! Du bist die klügste und …"

„Lass uns lieber klingeln!", unterbrach ihn die Ratte ungnädig. Der Maulwurf sprang auf und hängte sich an die Klingelschnur und während er dort oben in der Luft baumelte, ertönte aus weiter Ferne ein dumpfer Glockenton.

Der Dachs

Sie warteten ziemlich lange. Endlich hörten sie schlurfende Schritte, die sich langsam der Haustür näherten. Ein Riegel wurde zurückgeschoben und die Tür öffnete sich gerade weit genug, um eine lange Schnauze und zwei verschlafene Augen erkennen zu lassen.

„Wer stört mich denn jetzt schon wieder?", brummte eine barsche Stimme.

„Lieber Dachs!", rief die Ratte. „Lass uns rein! Ich bin's, die Ratte, und mein Freund, der Maulwurf, und wir haben uns im Schnee verlaufen."

„Ratte!", rief der Dachs aus und klang plötzlich viel freundlicher. „Das gibt's doch nicht! Im Schnee verirrt! Und mitten in der Nacht im Wilden Wald! Kommt rein!"

Die beiden Tiere hatten es so eilig, dass sie übereinanderfielen, und sie waren froh, als sich die Tür hinter ihnen schloss. Der Dachs, der einen langen Bademantel und Hausschuhe trug, leuchtete ihnen mit einer Kerze und führte sie einen ziemlich schäbigen Gang entlang bis in eine Art Halle mit vielen Eichentüren. Eine dieser Türen öffnete der Dachs nun und schob seine Gäste in eine warme und gemütliche Küche. Er nahm ihnen die nassen Sachen ab, brachte ihnen Hausschuhe und Bademäntel und während die beiden vor dem Feuer trockneten, verarztete der Dachs noch schnell das verletzte Bein des Maulwurfs. Bald kam den beiden Wanderern der Wilde Wald nur noch vor wie ein halb vergessener Traum. Als sie wieder trocken waren, bat der Dachs sie zu Tisch. Die beiden waren so hungrig, dass eine Unterhaltung lange Zeit nicht möglich war; und als sie endlich anfingen, ihre Geschichte zu erzählen, sprachen sie ständig mit vollem Mund. Das machte dem Dachs nichts aus und er sagte auch kein einziges Mal: „Hab ich euch nicht gesagt …", oder „Hättet ihr mal lieber …" Der Maulwurf begann ihn zu mögen. Nach dem Essen saßen sie noch eine Weile vor dem Feuer und sprachen über dies und das und schließlich fragte der Dachs die beiden: „Wie geht's denn dem alten Kröterich?"

„Immer schlimmer", antwortete die Ratte. „Letzte Woche ist er schon wieder irgendwo gegengefahren. Er will unbedingt selber Auto fahren, dabei ist er ein völlig hoffnungsloser Fall."

„Wie viele waren es denn bis jetzt?", fragte der Dachs düster.

„Autos oder Unfälle?", fragte die Ratte. „Na, bei ihm läuft das auf dasselbe hinaus. Das war jetzt der siebte Unfall! Und seine Remise ist bis obenhin voll mit Autowracks!"

„Er war schon dreimal im Krankenhaus", fügte der Maulwurf hinzu. „Und die ganzen Strafen, die er zahlen musste …"

„Wir müssen etwas unternehmen", sagte die Ratte. „Wir sind doch seine Freunde."

„Sobald es Frühjahr wird", stimmte der Dachs zu. Es ist nämlich ein ungeschriebenes Gesetz unter den Tieren im Wald, dass man während der Wintermonate, in denen sich alle ausruhen müssen, von niemandem etwas Anstrengendes verlangen darf. „Schläfst du etwa schon, Ratz?"

Am nächsten Morgen erschienen die Ratte und der Maulwurf sehr spät zum Frühstück. In der Küche brannte ein Feuer und am Tisch saßen zwei junge Igel und aßen Haferbrei aus Holzschalen.

„Was führt euch denn hierher?", fragte die Ratte freundlich. „Habt euch wohl verlaufen?"

„Genauso war's, Herr Ratte", sagte der ältere der beiden Igel. „Ich und Billy, wir waren auf dem Weg zur Schule und haben uns verirrt und dann standen wir vor der Hintertür von Herrn Dachs und weil er ja so ein netter Herr ist, wie jeder weiß, haben wir einfach geklopft …"

„Verstehe", sagte die Ratte und schnitt sich ein paar Scheiben Speck ab, „und wie ist das Wetter draußen?"

„Schrecklich, Herr Ratte, an Ausgehen ist überhaupt nicht zu denken!"

„Wo ist denn der Dachs?", fragte der Maulwurf und setzte Kaffee auf. „Der Dachs ist in seinem Arbeitszimmer", sagte der Igel, „und wir sollen Ihnen ausrichten, dass er heute Morgen furchtbar beschäftigt ist und auf keinen Fall gestört werden darf." Natürlich wussten alle, dass der Dachs sich nach dem Frühstück in seinen Sessel gesetzt und die Füße hochgelegt hatte – das war nun einmal die Beschäftigung für den Winter.

Es klingelte laut an der Vordertür und die Ratte schickte Billy, den kleineren Igel, um nachzusehen, wer es war. Gleich darauf stürmte der Otter in die Küche.

„Dachte ich mir doch, dass ich die hier finde. Am Fluss sind alle in heller Aufregung! Die Ratte und der Maulwurf die ganze Nacht nicht nach Hause gekommen, da MUSS ja was passiert sein. Ein Kaninchen hat mir erzählt, dass der Maulwurf gestern im Wilden Wald gesehen wurde. Da bin ich gleich hierhergekommen. He, Maulwurf, brat mir doch auch etwas Schinken, ich bin wirklich hungrig und ich habe viel mit der Ratte zu besprechen!" Also schnitt der Maulwurf noch etwas mehr Schinken ab, die Igel brieten ihn und der Otter und die Ratte palaverten über den Fluss.

Der erste Teller mit Schinken war gerade verputzt, als der Dachs hereinkam. Er gähnte und rieb sich die Augen. „Ist nicht bald Zeit fürs Mittagessen?", fragte er. Und dann, an den Otter gewandt: „Iss mit uns. An so einem kalten Tag hast du doch bestimmt Hunger."

„Oh ja!", sagte der Otter und zwinkerte dem Maulwurf zu. Die Igel, die von all ihrer Arbeit am Herd auch schon wieder Hunger hatten, sahen den Dachs schüchtern an.

„Und ihr macht euch jetzt auf den Heimweg", sagte der Dachs freundlich. „Ich schicke euch jemanden mit, damit ihr euch nicht wieder verlauft." Nachdem die Igel gegangen waren, ließen sich der Dachs, der Otter, die Ratte und der Maulwurf zum Mittagessen nieder.

Der Maulwurf nutzte die Gelegenheit, um dem Dachs zu sagen, wie wohl er sich in seinem Bau fühlte.

„Unter der Erde weiß man immer, woran man ist. Man ist vollkommen sicher. Über der Erde passiert alles Mögliche, aber man selber bleibt davon ganz unberührt. Und wenn man Lust hat, geht man einfach rauf – und dann ist alles da und wartet auf einen."

„Genau das sage ich auch immer!" Der Dachs strahlte. „Sicherheit, Frieden, Ruhe – das gibt es nur unter der Erde." Nach dem Essen führte er den Maulwurf ein bisschen herum. Der Maulwurf war äußerst beeindruckt, wie groß das Heim des Dachses war; wie lang die schummrigen Gänge waren, wie groß die Gewölbe der Vorratskammern, die Säulen und die Bogen.

„Wie hast du das bloß alles bauen können?", staunte er. „Das ist ja riesig!"

„Ich habe es gar nicht selber gebaut", gestand der Dachs. „Ich halte es bloß in Schuss. Vor langer Zeit gab es hier nämlich mal eine Menschenstadt. Sie waren gute Baumeister."

„Und was ist aus ihnen geworden?", fragte der Maulwurf.

„Wer weiß?", antwortete der Dachs. „Die Menschen kommen, bleiben eine Weile und dann verschwinden sie wieder. Aber wir bleiben. Wir sind ein zähes Volk."

Als sie in die Küche zurückkehrten, lief die Ratte schon unruhig hin und her. Sie hatte wohl Angst, dass der Fluss davonschwimmen würde, wenn sie nicht auf ihn aufpasste.

„Komm schon, Maulwurf!", sagte sie ungeduldig. „Wir müssen noch vor Einbruch der Dunkelheit los."

„Keine Sorge, mein Lieber", sagte der Dachs gelassen. „Meine Gänge sind länger, als du denkst, und ich habe auch Notausgänge außerhalb des Waldes. Aber bitte erzählt es nicht weiter."

Der Dachs nahm die Laterne und führte seine Gäste durch einen feuchten und stickigen Tunnel, der sich endlos dahinwand. Endlich tauchte ein Lichtschimmer auf und der Dachs verabschiedete sich schnell und schob sie durch das Gestrüpp am Tunneleingang hinaus. Sie befanden sich direkt am Waldrand. Vor ihnen lagen die weiten Felder, dahinter schimmerte der gute alte Fluss und die Wintersonne hing rot und tief über dem Horizont. Hinter ihnen lag der Wilde Wald, groß, grimmig und bedrohlich. Schnell liefen sie weiter, auf ihr Zuhause zu, auf das Herdfeuer und all die vertrauten Dinge, die ihnen keine Angst machten.

„Die Wiesen und Gärten und Felder sind es doch, wo ich mich am wohlsten fühle", dachte der Maulwurf plötzlich. „Hier gehöre ich hin."

Der Kröterich

Es war an einem strahlenden Frühsommermorgen; der Maulwurf und die Ratte hatten gerade ihr Frühstück beendet, da klopfte es an die Tür. Der Maulwurf ging nachschauen. Gleich darauf flog die Wohnzimmertür auf und er verkündete mit bedeutsamer Stimme: „Der Dachs!"

Das war tatsächlich etwas ganz Besonderes, denn der Dachs machte niemals Besuche. Aber jetzt schritt er mit einem sehr ernsten Gesicht ins Zimmer und sagte: „Die Stunde hat geschlagen!"

„Welche Stunde?", fragte die Ratte beunruhigt und schielte zur Uhr. „Wessen Stunde, solltest du lieber fragen", antwortete der Dachs. „Die Stunde des Kröterichs nämlich! Wir wollten ihn zur Vernunft bringen und jetzt ist es so weit."

„Hurra!", rief der Maulwurf begeistert. „Die Stunde des Kröterichs!"

Der Dachs ließ sich in einen Sessel fallen.

„Ich weiß aus sicherer Quelle, dass heute Morgen schon wieder ein neues Auto nach Krötinhall geliefert wird, noch schneller als die anderen. Wahrscheinlich wirft sich der Kröterich gerade in diesem Moment schon wieder in diese lächerliche Montur, die er beim Autofahren immer trägt. Wir müssen sofort nach Krötinhall und mit unserer Rettungsaktion beginnen!"

Sie machten sich auf den Weg. Als sie die Einfahrt des Landsitzes erreichten, sahen sie schon ein riesiges knallrotes neues Auto vor dem Haus stehen. Die Haustür flog auf und herauskam der Kröterich, angetan mit einer Schutzbrille, einer Kappe, Lederstiefeln, einem langen Mantel und Lederhandschuhen.

„Hallo Freunde!", rief er erfreut. „Ihr kommt gerade richtig zu einer kleinen …" Aber der Rest blieb ihm im Halse stecken, als er die finsteren Mienen seiner Besucher sah.

Der Dachs stürmte die Treppe hinauf. „Schafft ihn rein!", befahl er. Schimpfend und protestierend wurde der Kröterich ins Haus geschleppt.

„Also", sagte der Dachs, als sie alle in der Halle standen. „Zuerst ziehst du mal diesen albernen Kram aus."

„Ich denk nicht dran", antwortete der Kröterich ungerührt. „Was soll das? Ich verlange auf der Stelle eine Erklärung!"

„Zieht ihm das Zeug aus!", befahl der Dachs. Der Kröterich fluchte und trat um sich, aber es half ihm nichts. Die Ratte warf ihn zu Boden und setzte sich auf ihn, während der Maulwurf ihm die Kleider vom Leib riss. Dann stellten sie ihn wieder auf die Füße. Jetzt sah er nicht mehr aus wie der Schrecken der Landstraße, sondern wie eine ganz normale Kröte. Er kicherte verlegen.

„Du hast alle Warnungen in den Wind geschlagen", sagte der Dachs ernst. „Du hast das Geld deines Vaters zum Fenster rausgeschmissen und du hast durch deine verantwortungslose Fahrerei Leben in Gefahr gebracht und uns alle in ein sehr schlechtes Licht gerückt. Wir können nicht zulassen, dass du dich weiter so lächerlich machst. Du hast uns drei schon oft eingeladen, bei dir zu wohnen, und genau das werden wir jetzt tun. Sobald du versprichst, nie wieder ein Auto anzurühren, werden wir wieder gehen, aber keine Sekunde eher. Bringt ihn nach oben und sperrt ihn in sein Schlafzimmer."

„Es ist doch nur zu deinem eigenen Besten, Kröterich!", sagte die Ratte freundlich, als sie den strampelnden Kröterich die Treppe hinaufführten.

„Keine Protokolle mehr, kein Krankenhaus mehr!", fügte der Maulwurf hinzu.

Dann drehten sie den Schlüssel um und gingen zurück in die Halle. Von nun an schlief nachts immer einer von ihnen in seinem Schlafzimmer, tagsüber wechselten sie sich stundenweise ab. Zuerst bekam der Kröterich regelmäßig Wutanfälle, aber nach und nach beruhigte er sich und dann wurde er träge und niedergeschlagen.

Eines Morgens kam die Ratte, um den Dachs abzulösen, und hörte, dass der Kröterich noch im Bett lag. „Pass auf, Ratte", warnte sie der Dachs. „Wenn der Kröterich so ruhig ist, heckt er was aus. Sei vorsichtig. Ich muss jetzt los."

„Na, wie geht's uns denn heute?", fragte die Ratte munter, als sie neben dem Bett des Kröterichs stand. „Wir beiden sind heute Morgen ganz allein und werden es uns gemütlich machen."

„Ich kann nicht", jammerte der Kröterich. „Sei so gut und hol einen Arzt." Die Ratte kam näher und beäugte ihn misstrauisch. „Wofür brauchst du denn einen Arzt?"

„Ach, du hast sicher schon bemerkt …", murmelte die Kröte. „Aber lass nur, vielleicht ist es auch längst zu spät. Kümmer dich einfach nicht um mich."

Jetzt machte sich die Ratte doch ein wenig Sorgen. „Also, wenn du wirklich einen Arzt brauchst, dann hole ich ihn natürlich." Schnell verließ sie den Raum und vergaß auch nicht, hinter sich abzuschließen. „Was kann es schaden, den Arzt zu holen!", sagte sie zu sich selbst. „Wenn er nichts hat, ist er eben umsonst gekommen." Und schon machte sie sich auf den Weg ins Dorf.

Der Kröterich, der flink aus dem Bett gehüpft war, kaum dass die Ratte das Zimmer verlassen hatte, sah ihr vom Fenster aus nach. Dann zog er sich einen schicken Anzug an, stopfte sich die Taschen mit Münzen voll und knotete mehrere Bettlaken aneinander. Das eine Ende dieses Seils befestigte er am Bettpfosten und das andere Ende warf er zum Fenster hinaus. Schnell kletterte er hinab und lief dann munter pfeifend über den Rasen davon.

Das wurde ein trübseliges Mittagessen für die arme Ratte, als der Dachs und der Maulwurf zurückkamen. „Wie konntest du nur darauf hereinfallen?", schimpfte der Dachs.

„Er war sehr überzeugend", entschuldigte sich die Ratte.

„Aber du nicht!", brummelte der Dachs. „Jetzt können wir nur noch abwarten, bis ihn die Polizei oder der Krankenwagen wieder hierherbringen."

Aber das sollte eine Weile dauern.

Der Kröterich marschierte unterdessen die Landstraße entlang und gratulierte sich zu seiner gelungenen Flucht.

„Armes Rattilein!", kicherte er. „Eine gute Seele, aber so dumm!"

Bald erreichte er eine kleine Stadt und kehrte im Gasthaus „Zum Roten Löwen" ein, um ein verspätetes Frühstück einzunehmen. Er hatte noch nicht ganz aufgegessen, als er von draußen ein vertrautes Geräusch vernahm.

Tuut-tuut! Wenig später hielt ein Auto vor dem Gasthof und eine kleine Reisegruppe kam herein. Der Kröterich bezahlte und lief eilig in den Hof.

„Ich seh es mir nur einmal an", murmelte er. Da stand das Auto – vollkommen unbeaufsichtigt. Wie im Traum schlich der Kröterich einmal um das Auto herum. Und plötzlich – er wusste selber nicht, wie ihm geschah – saß er am Steuer und das Auto fuhr ganz wie von selbst vom Hof und die Landstraße hinunter. „Endlich!", dachte der Kröterich. Jetzt war er wieder ganz der Alte, der berühmte Kröterich, der Schrecken der Landstraße, dem alle Platz machen mussten – und es kümmerte ihn nicht, wohin er fuhr und wohin es führen würde.

Und so kam es, dass der Kröterich nur wenige Tage später in Ketten abgeführt wurde. Eine schwere Tür schlug hinter ihm zu, ein rostiger Schlüssel wurde im Schloss umgedreht und der Kröterich saß im sichersten und dunkelsten Gefängnis von ganz England.

Die Abenteuer des Kröterichs

Im Kerker war es feucht und dunkel und der Kröterich warf sich auf den Boden und vergoss bittere Tränen. „Jetzt ist es aus", dachte er, „ich dummes Tier! Ach, du weiser alter Dachs! Oh, du kluge Ratte! Du vernünftiger Maulwurf! Hätte ich bloß auf euch gehört!" Tage- und nächtelang jammerte und klagte er so über seine eigene Dummheit und die treuen und guten Freunde, die er verloren hatte. Nun hatte der Gefängniswärter aber eine Tochter, die ihm manchmal bei der Arbeit half und die ein großes Herz für Tiere hatte. „Ich kann das nicht mehr mit ansehen", sagte sie eines Tages zu ihrem Vater. „Ich werde ihm etwas Leckeres zu essen kochen." Der Gefängniswärter hatte nichts dagegen. Also spazierte das Mädchen in die Kerkerzelle des Kröterichs und sagte: „Kopf hoch, Kröterich! Ich habe dir etwas Gutes zu essen mitgebracht." Sie setzte einen Teller mit Gemüsesuppe vor dem Kröterich ab, der gerade wieder jammernd auf der Erde lag, und ging wieder hinaus. Bald erfüllte der durchdringende Geruch von Kohl die Zelle und stieg dem Kröterich in die Nase. Das erinnerte ihn daran, dass das Leben doch noch mehr zu bieten hatte als eine finstere Gefängniszelle. Er dachte an Heldentaten und Poesie, an weite Wiesen und Landstraßen. Er dachte an Krötinhall und seine Freunde und dann dachte er an seinen Rechtsanwalt und dass der doch bestimmt etwas für ihn tun konnte. Schließlich fiel ihm wieder ein, was für ein kluger und findiger Kröterich er doch war. Und damit war er schon fast wieder gesund. Als das Mädchen später mit einer Tasse Tee zurückkam, hatte der Kröterich nicht nur seine Tränen

getrocknet, sondern auch die Suppe gegessen. Die Tasse Tee und der warme Toast hoben seine Stimmung noch weiter und bald saß er munter plaudernd im Stroh und erzählte der Tochter des Gefängniswärters von seinem Leben auf Krötinhall. Sie führten noch viele solcher Gespräche, als die langen, langweiligen Tage im Kerker ins Land gingen, und das Mädchen machte sich Gedanken, wie sie dem armen Kröterich helfen könnte. Eines Tages erzählte sie ihm von ihrer Tante, die Wäscherin war und die Kleidung der Gefangenen wusch. Jeden Montag holte sie die schmutzige Kleidung im Gefängnis ab und jeden Freitag brachte sie sie zurück.

„Du bist doch reich, Kröterich", sagte das Mädchen. „Und meine Tante ist arm. Ich bin mir sicher, dass ihr zwei ins Geschäft kommen könnt. Sie könnte dir ihr Kleid und ihre Haube geben und du verlässt als Wäscherin den Kerker."

„Wie bitte?", rief der Kröterich empört. „Der Herr von Krötinhall soll als WASCHFRAU durch die Gegend laufen?"

„Dann verschimmel doch hier im Kerker, du undankbare Kröte!", schnappte das Mädchen. „Ich wollte nur helfen."

„Schon gut, schon gut", sagte der Kröterich schnell. Er sah ein, dass er einen Fehler gemacht hatte. „Stell mir doch deine Tante mal vor." Schon am nächsten Abend kam die Waschfrau mit einem Bündel Wäsche unter dem Arm in die Zelle des Kröterichs. Der Kröterich überreichte ihr einige Goldmünzen und bekam dafür ein Baumwollkleid, eine Schürze, ein Tuch und eine Haube; allerdings wollte die alte Frau noch gefesselt und geknebelt werden, damit kein Verdacht auf sie fiel.

Der Kröterich zog ihre Sachen an, verabschiedete sich von der Tochter des Gefängniswärters und marschierte geradewegs in die Freiheit. Ganz berauscht von seiner Heldentat lief er zum nächsten Bahnhof, um sich eine Zugfahrkarte nach Krötinhall zu kaufen. Doch dann fiel ihm ein, dass er sein ganzes Geld in der Gefängniszelle vergessen hatte. Das war ein schwerer Schlag für den Kröterich! Was sollte er jetzt tun? Ratlos wanderte er den Bahnsteig entlang und weinte vor Verzweiflung ein paar Tränen.

„He, Mütterchen!", rief der Lokführer. „Was ist los?"

„Ach!", schluchzte der Kröterich so herzerweichend, wie er nur konnte. „Ich bin eine arme Waschfrau und habe mein Geld verloren und kann keine Fahrkarte kaufen. Buhuhuh! Und meine armen Kinderchen sitzen zu Hause und haben Hunger. Buhuhuh!"

„Weißt du, was", sagte der Lokführer, der ein weiches Herz hatte. „Steig ein! Ich nehme es heute mal nicht so genau!" Schnell kletterte der Kröterich ins Lokführerhäuschen und der Zug verließ den Bahnhof. Schneller und schneller fuhren sie dahin, Felder, Dörfer und Wiesen flogen an ihnen vorbei und die Gedanken des Kröterichs waren schon in Krötinhall, da sagte der Lokführer auf einmal: „Komisch – ich glaube, wir werden verfolgt." Er lehnte sich weit aus dem Fenster und sah angestrengt nach hinten. „Jetzt sehe ich es ganz deutlich!", rief er. „Eine Lokomotive! Und die seltsamsten Leute sind damit unterwegs! Uralte Gefängniswärter und Polizisten mit Gummiknüppeln und Detektive mit Pistolen und sie rufen alle: „STOPP! STOPP!"

Dem Kröterich rutschte auf der Stelle das Herz in die Hose. Er sank auf die Knie und rief: „Ach, lieber, guter Lokführer! Helfen Sie mir! Ich bin gar keine arme Waschfrau, ich bin der Kröterich und gerade aus dem allergrässlichsten Kerker entwichen und wenn die da hinten mich kriegen, bin ich erledigt."

„Raus mit der Sprache!", sagte der Lokführer. „Was hast du verbrochen?"

„Ich habe mir bloß ein Auto geliehen", gestand der Kröterich und wurde knallrot. „Ich wollte es gar nicht stehlen."

Er hatte Glück, denn zufällig mochte der Lokführer keine Autos und erklärte sich bereit, ihm zu helfen. Aber die andere Lok kam unaufhaltsam näher und schließlich sagte der Lokführer: „Es hat keinen Sinn, sie sind schneller als wir. Am besten, du springst hier ab."

Also raffte der Kröterich seine Röcke, tat einen großen Sprung und landete in der Böschung. Und weil es schon dunkel war und kalt und der Kröterich nicht wusste, wo er war, kroch er in einen hohlen Baum und schlief bis zum nächsten Morgen.

Als er die Augen wieder aufmachte, wusste er erst nicht, wo er war. Dann sah er sich um und sein Herz machte einen Satz. Er war in Freiheit! Er war seinem Gefängnis entkommen! Gut gelaunt trat er in die Morgensonne hinaus – die ganze Welt lag ihm zu Füßen, ihm, dem schlauen, mutigen, unschlagbaren Kröterich! So schritt er munter vor sich hin singend durch den Wald und dachte an all die Abenteuer, die er schon erlebt hatte. Bald erreichte er eine Landstraße. Und es dauerte nicht lange, da näherte sich aus der Ferne ein Punkt, der schnell größer wurde und der ihm sehr bekannt vorkam.

„Ja, das ist das wahre Leben!", jubelte der Kröterich. „Ich werde sie anhalten, die Ritter der Landstraße, und ihnen ein paar Lügen erzählen, und dann fahren sie mich ganz bestimmt mit dem Auto nach Krötinhall. Da wird sich der Dachs aber ärgern!"

Er trat auf die Straße und winkte dem Auto, das auch prompt anhielt. Doch plötzlich wurden dem Kröterich die Knie weich – das war ja das rote Auto, das er vor dem Hotel „Zum Roten Löwen" gestohlen hatte! Und die Leute darin kannte er auch!

„Oh, ich Narr!", jammerte der Kröterich und sank wie ein Häuflein Elend am Straßengraben zusammen. „Jetzt geht alles wieder von vorne los!"

Unterdessen waren zwei Herren aus dem Auto gestiegen und einer sagte: „Ach du meine Güte! Hier liegt eine arme, alte Waschfrau ohnmächtig auf der Straße! Am besten, wir bringen sie ins nächste Dorf." Sie trugen den Kröterich ins Auto und fuhren weiter. Als der Kröterich merkte, dass man ihn nicht erkannt hatte, fasste er neuen Mut und öffnete vorsichtig die Augen.

„Wie geht es Ihnen, gute Frau?", fragte einer der Männer.

„Schon viel besser", antwortete der Kröterich schwach. „Aber mir würde es bestimmt noch besser gehen, wenn ich vorne neben dem Fahrer sitzen könnte. Dort ist die Luft viel frischer."

„Ein guter Gedanke", sagte der Mann. Also half man dem Kröterich auf den Vordersitz und die Fahrt ging weiter. Nach einer Weile sagte der Kröterich: „Guter Mann, wollen sie mich nicht einmal fahren lassen? Es sieht kinderleicht aus und ich würde meinen Freunden zu gern erzählen, dass ich selber einen Wagen gelenkt habe!" Der Fahrer lachte schallend, aber der andere Mann war ganz beeindruckt und sagte: „Bravo, gute Frau, Sie haben Mumm! Probieren Sie es ruhig mal." Der Kröterich krabbelte auf den Fahrersitz, legte die Hände ans Steuer, ließ sich alles erklären und fuhr los. Zuerst ganz vorsichtig, denn er hatte sich geschworen, vernünftig zu sein. Dann wurde er etwas schneller. Und schneller. Und noch schneller. „Vorsicht, Waschfrau!", rief einer der Männer. Aber der Kröterich war nicht mehr zu halten.

„Waschfrau, haha!", rief er. „Ich bin der Kröterich, der Schrecken der Landstraße, der Autodieb, der Ausbrecherkönig! Haltet euch fest!"

Mit einem Schrei des Entsetzens stürzten sich die Männer auf ihn. Aber die Kröte riss das Steuerrad herum und das Auto raste zuerst in eine

Hecke, dann tat es einen Satz und sank mit den Vorderrädern in einen Tümpel. Der Kröterich wurde in hohem Bogen aus dem Auto geschleudert und plumpste auf eine Wiese. Er rannte davon, so schnell er konnte. Doch plötzlich gab der Boden unter seinen Füßen nach und *platsch!* lag er im Wasser. Er war blindlings in den Fluss hineingelaufen! Das Wasser riss ihn mit sich fort; er wurde in die Tiefe gezerrt, tauchte wieder auf, schnappte nach Luft und erblickte knapp oberhalb der Wasseroberfläche ein dunkles Loch. Aus dem Dunkel starrten ihn zwei funkelnde Augen an. Die Augen gehörten zu einem Gesicht. Das Gesicht kam ihm bekannt vor. Es war das Gesicht der Wasserratte.

Die Heimkehr

Die Ratte streckte ihre Pfote aus, packte den Kröterich am Kragen und zog ihn aus dem Wasser.

„Rattilein!", rief der Kröterich. „Du glaubst ja gar nicht, was ich alles erlebt habe! Ich …"

„Kröterich!", sagte die Ratte unwirsch. „Geh nach oben und zieh diesen Fummel aus. Und danach habe ich dir einiges zu sagen."

Als der Kröterich gebürstet und geputzt wieder herunterkam, stand das Mittagessen auf dem Tisch. Beim Essen schilderte der Kröterich der Ratte in leuchtenden Farben seine Abenteuer. Die Ratte schwieg. Als der Kröterich fertig war, sagte sie: „Siehst du denn gar nicht, wie lächerlich du dich machst? Du stiehlst Autos, du wirst in Handschellen abgeführt, du landest im Kerker, du läufst in Frauenkleidern herum und fällst in den Fluss. Was ist denn daran so toll?"

„Du hast ja recht, Ratte", sagte der Kröterich und seufzte schwer. „Ich bin wirklich ein aufgeblasener Idiot. Von nun werde ich ein ruhiges, zurückgezogenes Leben auf Krötinhall führen und …"

„Ja, weißt du es denn noch gar nicht?", unterbrach ihn die Ratte. „Was weiß ich?", fragte der Kröterich und wurde blass.

„Die Leute aus dem Wilden Wald haben Krötinhall besetzt", sagte die Ratte. „Die Wiesel und die Hermeline wohnen jetzt dort. Sie essen deine Vorräte, trinken deinen Wein und singen unanständige Lieder. Sie sagen, dass sie nie wieder fortgehen wollen."

„Ach wirklich!", rief der Kröterich und griff nach seinem Stock. „Das werden wir ja sehen."

„Bleib hier!", sagte die Ratte. „Wir können nichts machen, bevor der Dachs und der Maulwurf hier sind."

„Ach richtig", sagte der Kröterich. „Die beiden habe ich ja ganz vergessen. Was treiben sie denn so?"

„Was sie so treiben?", sagte die Ratte wütend. „Sie sitzen Tag und Nacht im Gebüsch und bewachen deinen Besitz und überlegen, wie sie ihn zurückerobern können. Solche Freunde hast du gar nicht verdient!"

Kaum hatte sie das gesagt, als es an der Tür klopfte und der Dachs hereinstapfte. Mit ernstem Blick schüttelte er dem Kröterich die Hand und nahm sich dann eine Scheibe Schinken. Kurz darauf schlüpfte der Maulwurf herein.

„Kröterich!", rief er und strahlte. „Wie kommt es, dass du schon wieder hier bist?"

Aber bevor der Kröterich aufs Neue mit seinen Prahlereien beginnen konnte, sagte die Ratte schnell zum Maulwurf: „Wie ist die Lage auf Krötinhall?"

„Schlecht", berichtete der Maulwurf. „Sie haben überall Wachen aufgestellt und richten die Waffen auf uns, sobald sie uns sehen."

„An einen Angriff ist überhaupt nicht zu denken!", fügte der Dachs hinzu.

„Dann ist alles aus!", schluchzte der Kröterich. „Ich werde Krötinhall nie wiedersehen."

„Kopf hoch, Kröterich!", sagte der Dachs. „Ich erzähle dir ein Geheimnis." Sofort war der Kröterich ganz Ohr. Er liebte Geheimnisse, und natürlich konnte er nie eins für sich behalten.

„Es gibt einen unterirdischen Gang, der vom Flussufer bis in den Hof von Krötinhall führt!", erzählte der Dachs.

„Unsinn", sagte der Kröterich. „Das wüsste ich."

„Dein eigener Vater", fuhr der Dachs fort, „hat diesen Gang damals entdeckt und ausgebaut, denn er dachte, dass er vielleicht noch einmal von Nutzen sein könnte. Er hat ihn mir gezeigt und ich musste schwören, dir nichts davon zu sagen, weil du es bestimmt sofort überall herumerzählt hättest."

„Und wozu", grummelte der Kröterich, „soll dieser Gang gut sein?"

„Pass auf", erklärte der Dachs. „Morgen Abend feiern die Wiesel im großen Saal ein Fest. Sie werden sich auf ihre Wachen verlassen, aber wir werden durch den geheimen Gang ins Schloss eindringen. Er endet direkt in der Speisekammer neben dem Festsaal."

„Wir schleichen uns rein!", rief der Maulwurf.

„Wir nehmen Gewehre, Pistolen und Knüppel mit!", schrie die Ratte.

„Und dann stürzen wir uns auf sie …", sagte der Dachs.

„… und hauen ihnen die Hucke voll!", kreischte der Kröterich.

Den ganzen nächsten Tag verbrachten sie mit den Vorbereitungen. Als es dunkel wurde, rief die Ratte ihre Freunde ins Wohnzimmer. Die Ratte verteilte ein Schwert, einen Knüppel, zwei Pistolen, Handschellen, Mullbinden, Pflaster, eine Trinkflasche und eine Butterbrotdose an jeden.

Dann nahm der Dachs die Laterne und sagte: „Mir nach!" Er führte sie den Fluss entlang bis zum unterirdischen Gang. Der Gang war feucht und dunkel und eng und die Kröte schlotterte vor Angst, als sie daran dachte, was sie in Krötinhall erwartete. Sie stolperten im Gänsemarsch voran, bis der Dachs schließlich sagte: „Jetzt müssten wir genau unter dem Schloss sein." Da hörten sie auch schon Rufe und Getrampel von oben und der Tunnel führte aufwärts bis zu einer Falltür. Sie stemmten sie auf und kletterten in die Speisekammer.

Im Festsaal herrschte ein ohrenbetäubender Lärm. Eine Stimme rief: „Ich habe ein kleines Lied auf den Kröterich gedichtet. Es geht so:

> „Die alte Kröte, dick und stur, zwo-drei-vier, sitt-tata, tirallala,
> die gerne schnelle Autos fuhr, zwo-drei-vier ...“

„Euch werd ich's zeigen!“, schnaubte der Kröterich.

Der Dachs richtete sich auf, packte seinen Knüppel und rief: „Vorwärts!“

War das ein Quieken und Winseln und Schreien! Es nützte den Wieseln gar nichts, dass sie unter den Tisch krochen und den Kamin hochkletterten und alle Stühle umwarfen. Der Dachs schwang wütend seinen Knüppel. Der Maulwurf stieß einen schrecklichen Kriegsruf aus. Die Ratte hantierte mit allen Waffen gleichzeitig. Und der Kröterich, tief beleidigt, rief: „Dick und stur, was? Alte Kröte, was?“ Und damit stürzte er sich direkt auf den Wieselhäuptling.

Es dauerte nicht einmal fünf Minuten, da waren alle Wiesel verschwunden. Nach einem friedlichen und einträchtigen Abendessen zogen die Freunde sich in ihre Betten zurück und übernachteten alle zusammen in Kröterichs Schloss, das sie mit großem Heldenmut, unübertroffener List und dem geschickten Einsatz ihrer Knüppel zurückerobert hatten.

Von diesem Ereignis wurde am Flussufer und im Wilden Wald noch oft gesprochen. Manchmal, wenn die Freunde an warmen Sommerabenden durch den Wald gingen (denn das war jetzt völlig ungefährlich), wisperten die Wieselmütter ihren Kleinen zu: „Seht ihr, da geht der berühmte Kröterich! Und das ist die Wasserratte, ein schrecklicher Krieger! Und da hinten geht der Maulwurf, von dem euer Vater so viel erzählt hat.“ Und wenn die Kinder nicht gehorchten, dann sagten die Wieselmütter: „Jetzt ist aber Schluss, sonst holt euch der große böse Dachs.“

Das war sehr ungerecht, denn der Dachs mochte zwar keine Gesellschaft, aber gegen Kinder hatte er nichts.

Die Drohung wirkte trotzdem immer.

Gerdt von Bassewitz

Peterchens
Mondfahrt

Die Geschichte der Sumsemanns

„Sumsemann" hieß der dicke Maikäfer, der im Frühling auf einer Kastanie im Garten von Peterchens Eltern hauste, nicht weit von der großen Wiese mit den vielen Sternblumen.

Er war verheiratet gewesen, aber seine Frau war nun tot. Ein Huhn hatte sie gefressen, als sie auf dem Hofe ein-herkrabbelte. Gerade hatte sie sich auf ein Salatblatt gesetzt und dachte: „Willst mal probieren, wie das schmeckt!" … Pick! – da hatte das Huhn sie aufgefressen.

Es war ein großer Schmerz für Herrn Sumsemann, den Maikäfer. Er weinte viele Blätter nass und ließ seine Beinchen schwarz lackieren. Die waren früher rot gewesen, aber es ist Sitte bei den Maikäfern, dass die Witwer schwarze Beine haben in der Trauerzeit.

Und Herr Sumsemann hielt auf gute Sitten, denn er war der letzte Sohn einer sehr berühmten Familie. Vor vielen Hundert Jahren nämlich, als der Urahn der Familie Sumsemann sich gerade verheiratet hatte, geschah ein großes Unglück.

Er war an einem schönen Sonntagabend mit seiner kleinen Frau im Wald spazieren geflogen. Sie hatten viel gegessen und ruhten sich ein wenig auf einem Birkenzweiglein aus.

Da sie aber sehr mit sich selbst beschäftigt waren, denn sie waren jung verheiratet, merkten sie nicht, dass ein böser Mann durch den Wald herbeikam; ein Holzdieb, der am Sonntag stehlen wollte.

Der schwang plötzlich seine Axt und hieb die Birke um. So schrecklich schlug er zu, dass er dem Urgroßvater Sumsemann ein Beinchen mit abschlug. Fürchterlich war es!

Sie fielen auf den Rücken und wurden ohnmächtig vor Angst. Nach einiger Zeit aber kamen sie zu sich von einem hellen Schein, der um sie leuchtete. Da stand eine schöne Frau vor ihnen im Walde und sagte: „Der böse Mann ist bestraft für seinen Waldfrevel am Sonntag. Ich bin die Fee der Nacht und habe es vom Monde aus gesehen. Zur Strafe ist er nun mit dem Holz, das er umgeschlagen hat, auf den höchsten Mondberg verbannt. Dort muss er bleiben bis in alle Ewigkeit, Bäume abhauen und Ruten schleppen."

Aber der Urgroßvater Sumsemann schrie und sagte: „Wo ist mein Beinchen, wo ist mein kleines sechstes Beinchen?"

Da erschrak die Fee.

„Ach", sagte sie, „das tut mir sehr leid; es ist wohl an der Birke hängen geblieben und nun mit auf den Mond gekommen."

„Oh, oh, oh, mein Beinchen, mein kleines sechstes Beinchen!", schrie der arme Urgroßvater Sumsemann und seine kleine Frau weinte schrecklich. Sie wusste, dass nun alle ihre Kinder nur fünf Beinchen haben würden statt sechs, denn es vererbt sich. Und das war schlimm.

Als aber die Fee den großen Jammer sah, hatte sie Mitleid mit den Käfertierchen und sagte: „Ich will erlauben, dass gute Menschen euch das Beinchen wiedergewinnen können. Wenn ihr zwei Kinder findet, die niemals ein Tierchen quälten, dann dürft ihr auf den Mond mit ihnen und das Beinchen wieder holen." Da waren die beiden etwas getröstet und flogen heim und trockneten ihre Tränen.

Diese Geschichte hatte sich bald unter allen Käfern herumgesprochen; alle Mücken, Grillen und Ameisen wussten es, sogar die Libellen und Schmetterlinge hatten davon gehört. Die Familie der Sumsemanns war berühmt geworden. Sie galt auf allen Wiesen und in allen Bäumen für ein sehr vornehmes Geschlecht. Aber die Sumsemänner und -frauen hatten viel Leid von ihrem Ruhm, denn immer wieder wurden sie totgeschlagen, wenn sie nachts in die Stuben kamen, um die Kinder zu bitten. Dies war der große Fluch, der auf der Familie lastete. Und so kam es, dass zuletzt nur noch ein Sumsemann übrig war auf der Welt, der Witwer, dessen Frau von dem Huhn gefressen wurde, weil sie so neugierig herumflog.

Er hielt sich immer ein wenig abseits von den anderen Maikäfern und besonders seit seine Frau tot war, liebte er die Einsamkeit. Da saß er in der Dämmerung auf irgendeinem Zweiglein, geigte sehnsüchtige Liederchen an den Mond und die große Ballade vom sechsten Beinchen.

Diese Geige war ein altes Familienerbstück. Einst hatte ein Herr Sumsemann der Grille Zirpedirp das Leben gerettet, als sie zu hoch auf einen Baum gestiegen war und einen Schwindelanfall bekam. Zum Dank für diese mutige Tat hatte die Grille ihrem Lebensretter die silberne Geige geschenkt. Die erbte seither im Geschlechte der Sumsemanns immer der älteste Sohn und sie wurde hoch in Ehren gehalten.

All dies machte Sumsemann sehr stolz. Und wenn die anderen Maikäfer allabendlich zu ihrem großen Brummbass- und Paukenkonzert unter dem Baum einluden, sagte Sumsemann regelmäßig ab und das ärgerte sie sehr.

„Er ist hochnäsig", sagten sie, „seit er nicht mehr den Brummbass, sondern die Geige spielt."

Sumsemann aber ließ sich nicht beirren. Er führte ein bequemes Leben, war dick und vorsichtig. Nur manchmal, wenn der Abend gar so schön war, packte es ihn und er wurde mutig. Dann trank er ein Vergissmeinnicht-Schnäpschen nach dem anderen zur Erinnerung an seine Frau – obwohl sie damit ganz gewiss nicht einverstanden gewesen wäre – und in sehr angeregter Stimmung und von gewaltigem Tatendurst getrieben summte er in Zickzacklinien durch die Gärten.

Er störte die Mücken bei ihrem Abendtanz und die Leuchtkäfer beim Versteckspielen. Er rempelte die Apfelblüten an und zerriss der schieläugigen Spinne die Fangnetze. Er rannte gegen alle Fenster, weil er nicht unterscheiden konnte, ob ein Fenster offen oder geschlossen war.

In der Kinderstube

So war der letzte Sumsemann denn auch eines schönen Abends in das Schlafzimmer von Peterchen und Anneliese geraten.

Da die Kinder schliefen und er gerade heute besonders viele Vergiss-meinnicht-Schnäpschen getrunken hatte, fasste er Mut. Ganz leise spazierte er in der Stube herum.

Er besah und beschnüffelte alles. Eine Puppenstube, ein Schaukel-pferdchen, ein Lämmchen, Soldaten und Bilderbücher waren da.

Lauter langweilige Sachen! Dann waren noch zwei Körbchen mit Äpfeln da. Die Mutter hatte sie den Kindern für morgen hingestellt, wenn sie recht brav ausgeschlafen hätten.

Er schüttelte den Kopf. Wie konnte man nur Äpfel essen?! Un-begreiflich war ihm das. Gräuliche Bauchschmerzen hätte er bekommen. Er aß nur Salat; das war vornehm.

Er saß eine Weile am Tisch und dachte nach, womit er sich die Zeit vertreiben könnte. Da er aber weiter nichts anzufangen wusste, nahm er seine kleine Geige und spielte sich ein lustiges Maikäfertänzchen; dazu sang er:

> „Eins, zwei, drei – eins, zwei, drei,
> Fiel eine Biene in den Brei;
> Plumpsdibumms,
> Dideldumdei!
> Alle Käfer sitzen drum herum,
> Lachen sich schief,
> Lachen sich krumm,
> Brumm, brumm!"

Dabei wurde er so fidel, dass er ganz vergaß, wo er war, und sehr erschrak, als Peterchen und Anneliese plötzlich laut auflachten, weil er gar so komisch herumsprang bei seinem Tanz.

Er hatte sie nämlich mit seiner Musik aufgeweckt und gar nicht bemerkt, dass sie ihm schon eine ganze Weile zusahen.

Sumsemann bekam Angst und wollte sich schnell tot stellen, aber die Kinder lachten so vergnügt, dass er sich wieder ein Herz fasste. Er legte also seine Geige auf den Tisch, strich seine schöne, schwarz-weiße Weste glatt, richtete die kleinen Fühlhörnchen an seinem Kopf auf, machte eine Verbeugung und stellte sich vor: „Herr Sumsemann!"

Die Kinder waren aus ihren Bettchen geklettert und da sie wussten, was sich gehört, machte Peterchen auch eine Verbeugung, Anneliese einen Knicks und sie stellten sich ebenso vor.

Nun aber waren sie schrecklich neugierig, beguckten und befühlten den Sumsemann überall, bewunderten die kleine Geige und wollten alles wissen. Dem dicken Maikäfer wurde ganz schwindlig von all den Fragen.

Plötzlich hatte Peterchen auch entdeckt, dass ihm ein Beinchen fehlte. So war also wirklich der große Augenblick für den Letzten der Sumsemanns gekommen: Zwei gute Kinder fragten ihn nach seinem Beinchen. Es war totenstill in der Stube und sehr geheimnisvoll.

Der Mond sah groß und gelb durch die Blumen vor dem Fenster und der Maikäfer erzählte langsam und feierlich mit einem leisen, brummenden Stimmchen die Geschichte vom Beinchen, von der Nachtfee und vom Mondmann. Staunend hörten die Kinder zu.

Es war ihnen ganz seltsam zumute, als der Maikäfer sie mit zwei großen Tränen in seinen runden Glotzäugelchen fragend anguckte. Dann aber fassten sich beide ein Herz und sagten, dass sie das Beinchen schon recht gern vom Mond herunterholen möchten, aber der Mond, der wäre doch sehr weit fort und wer nicht fliegen könnte, der würde wohl niemals hinaufkommen.

Der Sumsemann aber wusste aus seiner Familiengeschichte: Wenn die Kinder nur wollten, dann konnte er sie sogar das Fliegen lehren.

Selig umarmte er die beiden Kinder, nahm seine kleine silberne Geige und spielte und sang dazu:

„Rechtes Bein – linkes Bein,

rechtes Bein – linkes Bein.

Summ! – dann kommt das Flügelein ...

Summ – summ – summ!"

Da flog Sumsemann auch schon im Zimmer herum und die Kinder klatschten vor Vergnügen laut in die Hände.

Jetzt sollten sie es nachmachen. Peter stellte sich in Positur, und Anneliese daneben, mit ein ganz klein wenig Herzklopfen. Dann breiteten sie die Arme aus und machten gehorsam seine komischen Schritte nach.

Plötzlich, als er sang: „Summ! – dann kommt das Flügelein …", flogen sie ganz hoch in die Luft. Sie blieben in der Luft, solange der Maikäfer geigte, und als das Lied aus war, glitten sie sanft wie zwei Schmetterlinge auf die Erde herab.

Nun also konnte das große Abenteuer beginnen.

Gelb und rund stand der Mond über der Sternblumenwiese vor dem Fenster. „Es ist sehr weit", sagte der Maikäfer, obwohl es ganz nah aussah, aber er musste es wissen.

Darum sollten sie Proviant mit auf die Reise nehmen. Hierfür waren die Äpfel gut.

Aber auch die Puppe und den Hampelmann wollten sie nicht daheim lassen. Die mussten doch das große Abenteuer miterleben! Sie stellten sich hintereinander auf; der Maikäfer vorn, mit der kleinen Geige, dann Peterchen, dann Anneliese.

Das Lied ertönte, sie hoben die Arme, machten Schritte, wie sie es gelernt hatten, und plötzlich ging die Wand des Zimmers weit auseinander.

Die Sternblumenwiese lag vor ihnen, von Tausenden von Glühwürmchen beleuchtet, und sie flogen hinaus … über die Wiese hin … immer weiter … auf den großen goldenen Mond zu, der vor ihnen über die Bäume guckte.

Der Flug nach der Sternenwiese

Nanu!", sagten die anderen Maikäfer, die gerade unter der großen Kastanie ein Konzert abhielten, „hat der hochnäsige Geigensumsemann doch ein paar Kinder gefunden, mit denen er zum Mond fliegt?"

Die drei flogen so schnell, dass die Hemdchen der Kinder wie kleine Fahnen in der Luft flatterten. Beinahe hätten sie zwei kleine, verliebte Nachtschmetterlinge, die nicht aufpassten, über den Haufen geflogen. Das Haus, die Wiese, der See, der Wald lagen bald tief unter ihnen. Die Hügel, die Berge, an denen die Nachtnebel hingen, versanken. Und dann lag die ganze Erde dort unten, unermesslich tief in der blauen, stillen Nacht mit allen ihren Ländern und Meeren. Das Herz klopfte den Kindern, aber tapfer flogen sie mit dem Maikäfer; er geigte unermüdlich und sang sein Liedchen dazu.

Seltsam! Ganz anders sahen jetzt die Sterne aus, als wenn man sie abends im Garten betrachtete. Als ob sie freundliche, lachende Gesichter und silberne Löckchen hätten. Immer mehr wurden es, je höher man flog.

Rings um die drei kleinen Abenteurer war plötzlich ein wundersames Leuchten, das immer stärker wurde. Es ging von einer silbernen Wolke aus, die vor ihnen im unendlichen Himmelsraum schwamm wie ein großer Nebel. Und als sie näher kamen, sahen sie sehr sonderbare Dinge darauf.

Hunderte, Tausende von kleinen Stühlchen standen dort um ein schönes Pult herum.

Neben dem Pult hing eine dicke silberne Glockenschnur vom Himmel herunter, auf der anderen Seite aber stand eine riesengroße Pauke neben einem mächtigen silbernen Fernrohr.

Was war dies nur?

Es war die Sternenwiese, der sie sich näherten.

Die Sternenwiese

Auf der Sternenwiese wohnt das Sandmännchen, das eine sehr wichtige Persönlichkeit im Himmelsraum ist und viele Ämter hat. Es muss den Sternen Unterricht im Singen geben und es muss aufpassen, dass sie am Tage, wenn sie noch nicht am Himmel stehen, ihre Strahlen ordentlich putzen.

Lauter kleine, silberhaarige Mädchen sind die Sterne. Jedes Kind auf der Erde hat sein Sternchen. Und wenn das Kind nicht artig war, wenn es Kuchen stibitzt hat oder wenn es gar gelogen hat, so entstehen auf der schönen Strahlenkrone seines Sternenmädchens hässliche Flecken, sie verbiegt sich oder sie bekommt Scharten.

Dann muss das kleine Sternchen putzen mit seinem goldenen Putzläppchen und sich mühen in der Sternenschule auf der Wiese, damit das Krönchen wieder blank und hell wird zur Nacht.

Das ist oft furchtbar schwer und die kleinen Sternchen seufzen dabei vor Mühe. Manchmal weinen sie sogar, denn das Sandmännchen ist sehr streng und lässt es ihnen nicht durchgehen, wenn auch nur das kleinste Fleckchen noch da ist. Meistens aber sind sie fröhlich und oft sogar ausgelassen. Dann hat das Sandmännchen Mühe, Ordnung zu halten.

Manchmal lachen sie so laut, dass man es beinahe auf der Erde hört. Das darf natürlich nicht sein. Dann haut das Sandmännchen auf die Pauke, sie bekommen einen Schreck und sind stille wie die Fischchen im See, aber nicht sehr lange.

So geht es auf der Sternenwiese zu, wenn es auf der Erde Tag ist. Wenn aber der Abend kommt, dann stellt sich der Sandmann feierlich vor sein Pult, alle Sternchen setzen ihre Kronen aufs Haar und sehen andächtig zu ihm auf.

Er wendet im goldenen Mondbuch auf dem Pult feierlich eine Seite um und schreibt hinein, was die Kinder auf Erden am letzten Tag Gutes getan haben. Er setzt sein großes silbernes Sandsiegel unter die Schrift, zwinkert mit seinen kugelrunden, freundlichen Äugelchen und zieht an der Glockenschnur. Dann huschen alle Sternenmädchen von der Wiese fort und an den Himmel. Dort stehen sie dann für die Nacht als winzige Lichtpünktchen, jedes an seinem Platz. Das Sandmännchen aber läuft zu seinem Fernrohr und guckt, ob sie auch alle richtig stehen, denn manchmal verirrt sich eins ein wenig an dem großen, dunklen Himmel; besonders den kleinen passiert das leicht. Manchmal rücken sie auch heimlich ein bisschen zusammen, weil sie sich noch was zu erzählen haben. Das ist natürlich nicht erlaubt und das Sandmännchen hält streng darauf, dass so etwas nicht einreißt am Himmel. Ja, das Sandmännchen hat wirklich sehr viel zu tun, besonders am Abend!

Auf der Sternenwiese steht neben der großen Pauke ein kugelrundes Säckchen und aus diesem Säckchen schüttet der Sandmann einen feinen Silbersand in ein langes Pusterohr.

Dann bläst er den leuchtenden Staub in alle vier Himmelsrichtungen. Der Staub aber verteilt sich ganz, ganz fein und rieselt durch die Luft herab auf die Erde mit dem Licht des Mondes zusammen.

Überall dort, wo Kinderaugen aus dem Bettchen in die Luft gucken, fliegt dieser silberne Sand aus Sandmännchens Pusterohr herum und legt sich leise auf die Augenlider.

Die werden müde und schwer davon; man muss sie zumachen und schläft ein. So schickt das Sandmännchen den Kindern den Schlaf und auch die schönen Träume.

Mit all diesen Arbeiten war das Männchen gerade fertig geworden, als Peterchen und Anneliese mit dem Maikäfer durch die Nacht herangeflogen kamen. Plötzlich hatte es die drei Abenteurer entdeckt!

Es stutzte, zwinkerte mit den Augen, guckte, schnaubte und zwinkerte wieder. Dann aber lief es emsig zu seinem Fernrohr, richtete es auf die Kinder, guckte durch, wischte sich die Äugelchen, putzte das Glas am Fernrohr, guckte noch einmal …

Seine Augen wurden so groß wie Kuchenteller und sein Mund stand so weit auf wie eine Ladentür.

Viele Tausend Jahre war der Sandmann alt, aber so etwas war noch nicht passiert! Zwei Kinder im Nachthemdchen und ein geigender Maikäfer kamen durch den großen Himmelsraum herangeflogen, als wäre das so ein Sonntagnachmittags-Vergnügen. Hier musste er eingreifen.

Er stürzte also eiligst zu seiner großen Pauke, schlug darauf und schnitt ein furchtbar böses Gesicht.

In dem Augenblick landeten die Kinder mit dem Maikäfer behutsam auf der Sternenwiese.

„Bumm – bumm – bumm! Das ist der Mond!

Rausgeschmissen wird, wer hier nicht wohnt!",
schrie der Sandmann sie an und fuchtelte mit dem Paukenstock in der Luft herum. Na, das war gerade kein liebenswürdiger Empfang!

Der Maikäfer aber dachte: „Mit Höflichkeit kommt man am weitesten", und so machte er eine sehr schöne Verbeugung und sagte: „Entschuldigen Sie bitte, Herr Sandmann …"

„Was? – Was? – Entschuldigen?", quiekte das Männchen ganz rot vor Aufregung. „Was will Er hier? Ein Maikäfer gehört auf die dicke Kastanie im Garten, aber nicht auf die Sternenwiese am Mond! Ich werde mal

gleich ein paar Sternraketen gegen Ihn abschießen, dass Ihm der Bauch platzt, Er Nasegrün!"

Sternraketen? Der Maikäfer bekam natürlich Angst und dachte daran, sich tot zu stellen. Anneliese aber trat ganz mutig vor, nahm aus ihrem Körbchen ein rotbäckiges Äpfelchen und hielt es dem grimmigen Sandmann dicht unter die spitze Nase.

„Nanu", sagte der höchst erstaunt.

Ihm lief das Wasser im Munde zusammen. Happs! … biss das Männchen hinein. Der Apfel schmeckte so gut, dass es ihm nicht mehr richtig gelang, ein grimmiges Gesicht zu schneiden.

„Ihr Hemdenmätze, was wollt ihr denn hier? Ihr sollt doch schlafen!", schmunzelte er.

Jetzt trat Peterchen vor und erklärte den Grund der Reise. Der Sandmann nickte wohlwollend mit dem Kopfe. „Jaja, die Geschichte der Sumsemänner, die ist überall am Himmel bekannt."

Aber sollte der Maikäfer nun wirklich zwei Kinder gefunden haben, um das Beinchen zurückzuerobern? Das wäre doch ein ganz gewaltiges Glück für die Sumsemänner!

Es musste also festgestellt werden, ob die Kinder artig waren, sonst ging die Geschichte nicht.

Mit großen, feierlichen Schritten begab sich das Sandmännchen zu seinem Sprachrohr und rief nach dem Himmel hinauf: „Die Sternchen von Anneliese und Peterchen sollen mal schnell herunterkommen!"

Und was geschah? Zwei winzige Sternpünktchen lösten sich hoch oben vom Himmelsgrund und fielen leuchtend herab auf die Wiese. Im gleichen Augenblick standen dort zwei wunderschöne kleine Mädchen mit blonden Locken und lachenden Augen. Silberne Hemdchen hatten sie an und silberne Schuhe; funkelhelle Strahlenkronen blinkten auf ihren Köpfen. „Peterchen!", rief das eine Sternchen. „Meine kleine Anneliese!", rief das andere. Und dann gab's eine fröhliche Begrüßung.

Aber die Geschichte war ernst. Also tat das Sandmännchen sehr grimmig und fragte die Sternchen, ob Peterchen und Anneliese Flecken auf den Kronen ihrer Sternchen hätten. Die beiden Sternchen lächelten und schüttelten ihre silbernen Locken. Blitzblank waren die Kronen. Nun war es sicher, dass der Maikäfer sein Beinchen wiederbekam. Schrecklich freute er sich!

Das Sandmännchen aber hatte den Finger an seine Nase gelegt und dachte tief nach. Es war doch eine recht gefährliche Geschichte, die da von den beiden Kindern unternommen werden sollte, und er wollte ihnen zu gerne dabei helfen.

Plötzlich kam ihm ein Gedanke. Gerade heute, um zwölf Uhr mitternachts, gab die Nachtfee einen Kaffeeklatsch für die Naturgeister in ihrem Schloss. Er war auch eingeladen. Die Nachtfee war sehr mächtig, viel mächtiger als er. Sie war es ja auch gewesen, die vor vielen Hundert Jahren den Holzdieb auf den Mondberg verbannt hatte.

Wenn er die Kinder also mitnähme auf das Schloss der Nachtfee? Sie war eine gütige Fee und würde sie sicher beschützen. Peterchen und Anneliese könnten bei dieser Gelegenheit sogar die Naturgeister kennenlernen, die ihnen vielleicht später beistehen würden.

Ja, das war ein prächtiger Gedanke!

Das Schloss der Nachtfee

In einem gewaltigen Saal ihres Schlosses empfing die Nachtfee ihre Gäste zum Mitternachts-Kaffeeklatsch.

Himmelhohe silberne Säulen trugen eine ungeheure Wolkenkuppel, von wehenden Nebeln wie von zarten Fahnen umschwebt. Der Boden war aus tiefblauem Kristall, so durchsichtig wie das Wasser des Meeres, wenn es ganz still liegt. Durch weite Eingänge zwischen den Säulen sah die Nacht herein und in ihrer Unendlichkeit schwebten, gleich großen Blumen, Tausende von Wölkchen und gaben ein zauberzartes Licht.

Die Nachtfee saß auf ihrem Thron, eine leuchtende Mondsichel im Haar und mit ihrem Königsmantel angetan.

Plötzlich klangen zwölf tiefe Glockenschläge durch den Raum.

Die Nachtfee erhob sich, breitete die Arme aus und sagte mit weicher, dunkler Stimme:

> „Mitternacht! – Die Welt schlief ein;
> Frieden, Frieden soll über ihr sein!"

Still setzte sich die Fee wieder auf ihren Thron und ein gütiges Lächeln lag über ihrem blassen, edlen Antlitz.

Eine Zeit lang war Schweigen ringsum, dann aber hörte man fernes Gerumpel, das immer stärker wurde und schließlich als gewaltiger Donner heranbrüllte. Gleich darauf sprang mit einem schmetternden Schlage der Donnermann aus den Wolken am Eingang, der Erste der geladenen Gäste. Er hatte einen mächtigen Paukenklöppel in der Faust, schlug sich damit auf den Bauch, verneigte sich vor der Nachtfee und brüllte:

„Zum Donnerwetter, da bin ich gekommen!

Habe mir keine Zeit genommen,

Bin gleich, weil du mich geladen hast,

Auf meiner Pauke hierhergerast.

Mein Weib, die Blitzhexe, lässt dir sagen,

Sie hätte noch schnell mal wo einzuschlagen

Und käme dann hinterhergeritten;

Derweil zu grüßen lässt sie bitten! –

Potz – Krach – Blitz – Donner – Bombenschlag!

Hier bin ich und sage dir Guten Tag!"

Während er dies sprach, donnerte es immerfort, sodass die kleinen Sternenmädchen neben dem Thron der Nachtfee ordentlich Herzklopfen bekamen. Aber der Donnermann war gar nicht böse dabei, er lachte und verzog lustig den Mund von einem Ohr bis zum andern. Die Nachtfee neigte ihr schönes Haupt zum Gruß gegen den wilden Mann und meinte mit freundlichem Lächeln, er solle nur nicht gar zu viel donnern, damit die Sternenkinder keine Angst bekämen.

Nun war der gutmütige Donnermann ganz verlegen und bullerte leise eine Entschuldigung. Es war nämlich wirklich nicht so einfach für ihn, sich das Donnern zu verkneifen, besonders, wenn er sich so freute, wie jetzt über die Einladung.

Da summte und pfiff es in der Luft und der zweite Gast kam, die Windliese. Auf einem Besen ritt sie, sprang vor dem Thron der Nachtfee ab und, während sie immerfort Knickse machte und im Kreise herumlief, rief sie mit einer pfeifenden Stimme:

„Hui – hui – Summsiselsei!

Komm schnell auf meinem Besen herbei,

Hab tausend Meilen zurückgelegt,

Bin über Wiesen und Wälder gefegt,

Hab an allen Türen und Fenstern gerüttelt,

Hunderttausend Kirschen von den Bäumen geschüttelt.

Haha – hoho – huhu – sieh – sieh!

Die Windliese ist hie, die Windliese ist hie!"

Aber da kam schon der dritte Gast. Es war die dicke Wolkenfrau. Sie sah aus wie ein Luftballon oder wie eine große Kaffeekanne, sehr, sehr komisch. Ihr Gesicht war wie ein Bratapfel so rund und auch so freundlich. Mit sehr gemütlichen, langsamen Bewegungen kam sie bis dicht an den Thron der Nachtfee, wippte mit ihrem aufgeplusterten Kleid einen komischen Knicks und sagte mit weicher, molliger Stimme:

> „Wie geht es am Himmel?
>
> Wie geht's auf dem Mond?
>
> Ich finde, dass es sich immer noch lohnt,
>
> Liebe Nachtfee, Sie zum Kaffee zu besuchen;
>
> Sie haben ausgezeichneten Fladenkuchen.
>
> Ich hoffe nur, dass die Sonne, das Biest,
>
> Nicht etwa auch geladen ist;
>
> Hat mir neulich wieder durchs Kleid gebrochen
>
> Und mich mit ihren Strahlen zerstochen."

Die Nachtfee dankte für den Gruß der Wolkenbase und wies ihr den Platz an neben dem Donnermann und der Windliese. Freilich, die Sonne war auch eingeladen. Aber die Wolkenfrau beruhigte sich darüber, da sie neben dem Donnermann und der Windliese sitzen konnte, mit denen sie sehr befreundet war.

Plötzlich zuckte es schwefelgelb durch den Raum und hereinfuhr die Blitzhexe. Im gleichen Augenblick sprang der Donner von seinem Sitz, umarmte sein Weib und tanzte mit ihr eine Weile im Saal herum. Dann ließ die Blitzhexe den Donnermann los, lief in Zickzacklinien vor den Thron und schrie mit schriller Stimme:

> „Sirrr – sirrr – liebe Base – da ist der Blitz!
>
> Zerschlug nur noch schnell eine Kirchturmspitz',
>
> Hatte Auftrag, musst' ihn erledigen schnell;
>
> Sirrr – sirrr – krakracks – bin ich zur Stell'!"

Ein leises Regenrauschen wurde nun hörbar und eine sehr sonderbare Erscheinung trat vor den Thron, der Regenfritz. Schön war er nicht. Dünnwie ein Lineal; langes, verwaschen blondes Haar hing ihm strähnig über die Triefaugen und die rote, spitze Schnupfennase.

Einen mächtigen Regenschirm hatte er zugeklappt unter dem Arm und sein langer Rock war patschnass. Wo er stand, bildete sich sofort auf dem Boden eine Wasserpfütze. Er machte eine linkische Verbeugung vor der Nachtfee, zog seinen alten, triefenden Zylinder und sagte mit einer ölig flötenden, melancholischen Greinstimme:

> „Drüppelü – tüp – tüp – liebe Fee der Nacht,
>
> Sie haben mir gütige Einladung gemacht.
>
> Bin gerne gekommen – tüp – top – tü – ti!
>
> War ein weiter Ritt auf dem Parapluie.
>
> Hab zwar im Mai sehr wenig zu tun,
>
> Hin und wieder mal drüppeln, meist muss ich ruhn;
>
> Tische, Stühle und Betten mit Pfützen gesegnet,
>
> Zwölf Landpartien freundlich berieselt,
>
> Zweihundert Kinderchen haben's mit Schnupfen benieselt;
>
> Dreizehn Handwerksburschen, bis aufs Hemd,
>
> Habe ich liebevoll durchschwemmt.
>
> Nun ja, man muss eben zufrieden sein,
>
> Der Mai ist trocken, die Arbeit klein."

Die Nachtfee ermahnte diesen seltsamen Gast, auf der Erde nicht nur Possen und Unsinn zu treiben, sondern auch Gutes zu tun und die Gärten und Felder ordentlich zu begießen. Und dann bat sie ihn, hier in ihrem Saal das Regnen ein wenig zu unterdrücken und keine Pfützen zu rieseln. Der Regenfritz versprach's und setzte sich zur Wolkenfrau.

Plötzlich flatterten alle Schleier und Nebelfahnen im Saal, ein Brausen war zu hören, der Sturmriese fuhr in den Raum, schwarz und riesengroß. In seiner Faust hielt er einen abgerissenen Eichenast, den schwenkte er zum Willkommen und brüllte, während sein mächtiger Bart wie eine schwarze Wolke um ihn her wehte:

> „Puh – da bin ich! Komme vom Ozean!
>
> Schnallte meine schnellsten Flügel an!
>
> Bin wie der Teufel durch die Luft gesaust,
>
> Durch Gebirg und Urwald herangebraust!
>
> Ließ auf dem Flug mir keine Zeit,

Weil Ihre Einladung mich furchtbar freut!

Habe nicht Wind- noch Wasserhose angezogen;

Sie müssen verzeihen, bin so geflogen!"

Er hatte wirklich gar nichts an; nicht einmal den neuen Wüstenwirbel-wetterhut oder die Föhnstiefel. Darum musste er sich jetzt hinter die Wolkenfrau setzen, nachdem er mit vielem Getöse den Donnermann, die Blitzhexe und die Windliese, sein Weib, begrüßt hatte.

Nun kamen die drei Eisgeschwister. Als Erster der Hagelhans mit seiner riesigen Trommel. Er hatte ein blaues Gesicht und kugelrunde, glashelle Augen, in denen grüne Funken brannten. Sein Haar war weiß wie Schnee und seine Uniform war blitzend von Hagelperlen. Als er eintrat, wurde es kühl und der Regenfritz fing an zu niesen.

Er konnte den Hagelhans nicht besonders leiden, weil der ihm immer beim Begießen ins Handwerk pfuschte. Der Hagelhans klappte vor dem Thron der Nachtfee militärisch mit den Hacken, schlug einen Wirbel zur Begrüßung auf seiner Trommel und schnarrte mit einer Stimme, die wie das Rasseln von Eisenketten klang:

"Klirrrr – der Hagelhans ist zur Stelle!

Hat viel zu tun in der Mittagshelle,

Erfüllt gern seine dienstliche Pflicht,

Kennt Mitleid mit Blumen und Saaten nicht,

Schießt mit tausend Flinten zu gleicher Zeit,

Trifft sicher, ist gegen alles gefeit;

Kennt kein sanft säuselndes Betragen,

Hat immer alles kurz und klein geschlagen;

Ist gründlich in seinem Dienstrevier;

Nachts hat er Urlaub – jetzt ist er hier!"

Kaum hatte er auf seinem Stuhl neben dem Sturmriesen Platz genommen, so kam seine Schwester Frau Holle herein. Rundlich und weiß von oben bis unten war sie und sah eigentlich aus wie ein großes, wandelndes Bett mit zwei dicken, weichen Pantoffelfüßen. Immerfort ging ihr ein weißer Nebel vom Munde, besonders, wenn sie gähnte; sie gähnte nämlich schrecklich viel. Als sie sich vor der Nachtfee verneigte, stoben dicke Flocken aus ihren Röcken. Lautlos hauchte sie:

„Frau Holle ist da! Frau Holle ist da!

Hab's beinah verschlafen, Frau Nachtfee – jaja!

Vor der Sonne musste ich tief in mein Eisschloss fliehen,

Um mich nicht zu verbrühen, jaja, zu verbrühen!

Dort schlief ich wie sieben Murmeltiere.

Weckt ein Sternchen mich und brachte mir Ihre

Einladung zu dem großen Empfang.

Besten Dank, liebe Base, besten Dank, besten Dank!"

Und wieder knickste sie und wieder stob ihr eine Wolke von Schneeflocken aus den Röcken.

Die Nachtfee reichte ihr die Hand und sagte, dass es Schlagsahne auf Eis geben würde. Das aß Frau Holle schrecklich gern und höchst vergnügt segelte sie zu ihrem Stuhl neben dem Hagelhans.

Da kam auch schon der Eismax heran, der dritte der Eisgeschwister. Er schlug die Sporen zusammen, grüßte militärisch vor der Nachtfee und schnarrte:

„Gnädigste Nachtfee, melde jehorsamst zur Stelle!

Jereist mit jletscherhafter Schnelle.

Bitte erjebenst, eines nur:

Etwas jekühlte Temperatur!

Und die Sonne, das jräuliche Weib,

Mir nich so nahe uff'n Leib.

Kann die Person durchaus nicht vertragen,

Krieje Triefaugen und weichen Kragen."

Nachdem die Nachtfee ihm versichert hatte, dass er kühl und luftig, weit ab von der Sonne sitzen solle, klirrte er salutierend wieder mit den Sporen und legte ein blitzendes Eisblumensträußchen auf die Thronstufen. Jetzt quakte und patschelte es draußen: Der Wassermann kam nämlich angeschlurft. Auf breiten Entenfüßen watschelte er herein und stierte mit großen Glotzaugen herum. Als er gesehen hatte, wer da war, schlenkerte er zur Begrüßung die langen Froscharme nach allen Seiten, riss sein breites Maul auf und quakte:

„Putsch – patsch – blubber – quax!

Guten Tax allerseits, guten Tax – guten Tax!

Bin gefahren – uax – auf dem Muschelschiff,

Vom Grunde des Meeres – uax –, wo ich schlief.

Meine Seejungfern tanzten am Ufer Reigen,

Spielten Schlickverstecken und Blasensteigen;

Haben mir in einer großen Blase

Die Einladung gebracht, Frau Base.

Aber ich bitte, vor allen Dingen,

Mich – uax – uax – wässerig unterzubringen."

In jeder Hand hatte er einen großen Schwamm; den drückte er sich dabei über dem Kopf aus, um es wenigstens etwas feucht zu haben.

Die Nachtfee aber hatte für alles gesorgt und so stand für den Wassermann eine große silberne Badewanne bereit. In die kroch er nun auf die Einladung der Nachtfee vergnügt grunzend hinein.

Bis zu diesem Augenblick war in dem großen Saal ein Dämmerlicht gewesen, in dem die silbernen Säulen gleich Mondstrahlen zwischen den blauen Wolken schimmerten.

Jetzt plötzlich flog goldener Schein in diese Dämmerung und durch die weite Nacht her kam eine rauschende, ferne, wundermächtige Musik. Die Nachtfee erhob sich auf ihrem Thron; die Sonne nahte, die Königin des Tages, die ihr gleich war an Rang und Ansehen. Alle Gäste erhoben sich mit ihr, denn, obschon sie die Sonne zum Teil nicht leiden konnten, mussten sie ihr doch, als einer Königin, die schuldige Ehrfurcht bezeigen.

Wunderschön war die Sonne! Ihre Augen strahlten machtvoll und lieb zugleich. Als ein Mantel von Flammen lag ihr Lockenhaar um sie und in funkelnden Garben brachen die Lichtstrahlen aus der Krone auf ihrem Haupt. Die Schleppe ihres goldenen Kleides trugen ihre lieblichen

Töchter, die Morgenröte und die Abendröte. So stand die Sonne der Nachtfee gegenüber und der Saal war voll von ihrem Licht.

Sie neigte ihr Haupt leise, dann hob sie es leuchtend und sprach:

> „Der Gruß meiner Liebe sei dir gebracht,
> Du schöne Schwester, du stille Nacht!
> Sind unsre Reiche auch ewig geschieden,
> Mein ist die Arbeit, dein ist der Frieden."

Und dann umarmten sich die beiden Königinnen.

Die Ankunft der Kinder im Schloss der Nachtfee

Alle Gäste der Nachtfee waren nun eingetroffen, nur das Sandmännchen fehlte noch in dem großen Kreis. Es war sonst immer sehr pünktlich und die Nachtfee wunderte sich darüber.

Sie wollte eben ein Sternchen damit beauftragen, einmal durch das große Wolkenfenster die Milchstraße entlangzugucken, da kam plötzlich das Sandmännchen schon herein, allerdings in einer Begleitung, die höchst erstaunlich war: zwei Kinder im Nachthemd und ein Maikäfer!

Einen Augenblick war alles stumm vor Erstaunen, dann aber ging ein ungeheures Getöse los. Der Sturmriese heulte vor Lachen, der Donnermann trommelte sich den Bauch und hätte sich beinah bei einem Dönnerchen verschluckt, der Wassermann quakte wie ein betrunkener Frosch, der Regenfritz jaulte vor Freude wie ein verstimmter Leierkasten, die Blitzhexe schrie und stank, die Windliese pfiff und summte, der Eismax meckerte wie ein Ziegenbock vor Vergnügen – kurz, es war ein Höllenlärm.

Als sich das Getöse gelegt hatte, erzählte das Sandmännchen klar und einfach, wer dieser Maikäfer sei und was die Kinder hier wollten. Natürlich war nun das Erstaunen noch größer, aber es lachte keiner mehr, sondern alle waren von dem Mut der Kinder entzückt.

Die Nachtfee sah den Käfer an. „Da hast du also wirklich zwei artige Kinderchen gefunden, die so viel Mut haben und so viel Liebe zu den kleinen Tieren, dass sie so große Gefahren bestehen wollen für dich, Maikäferlein?"

Dann fragte sie den Sturmriesen, den Donnermann und den Wassermann, ob sie den Kindern helfen wollten, weil es wirklich ein sehr gefährliches Abenteuer war.

Natürlich wollten sie es und versprachen ihre Hilfe.

Die Nachtfee aber gab nun dem Sandmännchen den Auftrag, den Kindern weiter als Führer zu dienen.

Er solle mit den Kindern zunächst zur Weihnachtswiese auf dem Monde reisen. Dann solle der Weg über die Mondhügel, Täler und Wiesen, am Osternest vorbei bis zu der silbernen Riesenkanone gehen, die am Fuß des höchsten Mondberges steht.

In diese Kanone müssten die Kinder und der Maikäfer hineingeladen und auf den Berg hinaufgeschossen werden, denn anders könnten sie nicht hinaufkommen. Oben auf dem Berge aber sei das Abenteuer mit dem Mondmann zu bestehen.

Bis dahin solle das Sandmännchen helfen und gern sagte es zu, alles dies nach der Ordnung zu besorgen.

Der Ritt auf dem großen Bären

Jetzt aber gab es keine Zeit mehr zu verlieren, denn bis zum Mondberg war es noch sehr weit und vor Tag mussten Peterchen und Anneliese wieder in ihren Bettchen auf der Erde sein, sonst hätten sie nie mehr zurückgefunden. Da gab's nur einen Rat: Sie mussten auf dem großen Bären zum Mond hinüberreiten, der konnte nämlich furchtbar schnell laufen.

Ein riesengroßes Ungetüm war dieser Bär. Schneeweiß war sein Fell und dick und zottelig. Er war größer als der größte Elefant und wenn er brummte, klang es beinahe wie das Bullern vom Donnermann. Ja, das

war ein Ritt! Von der Geschwindigkeit entstand ein Summen und Brausen um die vier Reiter, dass man denken konnte, ein Sturm käme daher. Helle Funken stoben dem Bären aus dem Rachen und glühten hinter ihm als eine schimmernde Lichtbahn durch den pechdunklen Weltenraum.

Dicht aneinandergeschmiegt saßen sie, tief auf das weiße Bärenfell gebeugt; kein Wort konnten sie sprechen. Sandmännchens Zipfelmütze flog wie eine kleine Fahne im Sturm und Anneliese musste ihr Püppchen schrecklich festhalten, sonst wäre es ihr fortgepustet worden.

So ging es eine ganze Weile.

Da landete der Bär auch schon mit einem kühnen Satz auf dem Monde und sie hielten vor einem großen Felsentor, über dem mit grünen Edelsteinen geschrieben stand:

„Eingang zur Weihnachtswiese"

Die Weihnachtswiese

Hier waren noch niemals Kinder gewesen; es war ein unbeschreibliches Glück für die beiden kleinen Reisenden, dass ihnen die Nachtfee erlaubte, dies zu sehen. Die Luft war erfüllt von herrlichem Kuchenduft. Der Weg, auf dem sie durch das Tannenwäldchen gingen, war mit vergoldetem Schokoladenplätzchenkies bestreut.

Nun waren sie aus dem Wäldchen heraus und eine Spielzeuglandschaft lag vor ihnen. Nicht wie in einer gewöhnlichen Landschaft wuchsen da Kartoffeln oder Bohnen, Gras oder Klee, sondern hier wuchs das Spielzeug. Alles, was man sich nur irgend denken kann, wuchs hier; von den Soldaten bis zu den Püppchen und Hampelmännern, von den Murmelkugeln bis zu den Luftballons. Eine Bilderbücherwiese war da, auf der alle Bilderbücher wie Gemüse wuchsen. Daneben sah man Beete mit Trompeten und Trommeln. Nicht weit davon waren große Rasenfelder mit Soldaten bewachsen, die zum Teil schon weit aus der Erde herausguckten, zum Teil noch bis an den Hals darin steckten oder erst mit der Helmspitze hervorsahen wie kleine Spargel.

Dann war ein Feld dort, auf dem die Petzbären wuchsen. Ein kleiner grüner Zaun lief ringsherum, denn einige von den drolligen Tierchen purzelten quiekend herum.

Auf der andern Seite wieder waren Gärten mit Sträuchern, an denen Bonbons in allen Farben und Größen wuchsen. Kleine Teiche von roter und gelber Limonade glänzten zwischen Schilfwiesen, in denen aus den raschelnden Halmen silbrige Schilfkeulen wuchsen – die Zeppelinballons. Niedliche, summende Flugmaschinen flogen dort als Libellen herum.

Überall hörte man in Bäumchen und Sträuchern eine süße Zwitschermusik. Die kam von den bunten Spielzeugvögelchen, die zwischen Pfefferkuchenzweigen und Bonbonknospen herumhuschten. Sie hatten dort ihre Nesterchen, in denen sie fleißig Pfefferminzplätzchen legten. Das Schönste aber war eigentlich der Puppengarten.

An den Büschen und Bäumchen saßen Tausende und Abertausende von Puppen und Püppchen. Wie kleine Blumen wuchsen sie an den Zweigen; zuerst nur Knospen von Sammet oder Seide, dann Blümchen mit kleinen Gesichtern in der Mitte und dann endlich Püppchen oder Puppen mit Haar, Schuhen und Schleifen in allen Größen und Farben.

An feinen silbernen Stielen hingen sie von den Zweigen und konnten abgepflückt werden.

Ja, und dann gab's noch so einen kleinen, seltsamen Wald. Ganz kahl war's da, ohne ein Blättchen, nur Bäumchen mit Ruten. Immerfort pfiff ein Wind, dass die Ruten sich bogen. Kein Vögelchen zwitscherte, es war nicht sehr freundlich in dem Wald.

Man brauchte ihn auch eigentlich gar nicht zu bemerken, so versteckt lag er. Aber er war doch da auf der Weihnachtswiese – der Rutenwald. Man kann sich wohl denken, wie den Kindern zumute war, als sie all diese zauberhaften Dinge sahen, während sie an der Hand des Sandmännchens über Krachmandel- und Schokoladenwege, über Zuckerbrücken und Marzipanstraßen hinwanderten zu einem kleinen, sanft leuchtenden Berge, der die Mitte des Ganzen bildete.

Dort liefen alle Wege und Straßen zusammen auf einen von Tannenbäumchen umhegten Platz. Auf diesem Platze aber – ja, das war das Allerschönste! – stand die goldene Wiege des Christkindchens.

Da lag es, tief in den schneeweißen Kissen, mit goldblonden, strahlenden Locken und schlief. Neben der Wiege, auf einem schönen himmelblauen Großvaterstuhl, saß der Weihnachtsmann in seinem pelzverbrämten Rock mit einer silbergrauen Pudelmütze und schneeweißem Bart.

Er hatte eine lange, schöne Pfeife mit bunten Troddeln im Munde, aus der er ab und zu großmächtige Wolken in die Luft paffte. Dazu wiegte er leise die goldene Wiege, über der ein leuchtender Heiligenschein schwebte. Die Kinder falteten still die Hände und knieten ganz von selbst neben der Wiege nieder, so schön und so heilig war es. In demselben Augenblick ging ein wundersames Klingen durch die Luft, als sängen tausend kleine Weihnachtsengelchen das Weihnachtslied.

Als Anneliese und Peterchen es hörten, sangen sie unverzagt mit und ihre Stimmen klangen so schön mit den Engelsstimmchen zusammen, dass sie ganz glücklich waren.

Es war aber schon wieder Zeit zur Reise. So gaben die Kinder dem Weihnachtsmann die Hand und bedankten sich sehr schön.

Der lachte freundlich und steckte schnell noch jedem ein ganz frisches Pfefferkuchenpäckchen ins Körbchen.

Und weiter ging's durch die Mondgegend, dass nur so die Steine stoben.

Es klang manchmal wie Glas, wenn der Bär mit seinen Tatzen so ein Stück Mondkruste abschlug, und sah aus wie Zucker. Mal stürmte der Bär durch eine Mondwüste, dass es nur so staubte und sie die Augen zumachen mussten. Mal war der Boden glatt und weich wie Gummi, wipp und wapp, dann hieß es festhalten.

Dann kamen sie in die Nähe des Osternestes. Es war wohl so groß wie ein Berg. In dem Nest saßen viele, viele Tausend Hühner in allen Farben: grüne, blaue, weiße, gelbe, rote, schwarze, bunte, gestreifte und gesprenkelte, eines dicht neben dem anderen.

Über dem Nest saß in einem gelben Ring ein großer Gockelhahn. Und jedes Mal, wenn der große Hahn krähte … klack! … legte jedes von den Hühnern ein schönes, farbiges Ei von Zucker, Schokolade oder Marzipan, je nach Farbe des Huhnes. Die Eier wurden von vielen Tausenden kleiner schneeweißer und knallgelber Osterhäschen aufgesammelt, fein säuberlich in Körbchen und kleine Taschen gepackt und ordentlich aufgestapelt.

„So geht das immerfort", erklärte der Sandmann im Vorüberreiten, „der Hahn kräht, die Hühner legen, die Häschen sammeln und verpacken, bis das ganze, riesengroße Nest voll ist. Und dann ist Ostern. In der Nacht vor Ostern aber nimmt jedes Häschen seine Eierlast huckepack und hoppelt damit zur Erde hinunter."

Da waren sie auch schon vorbei und hörten nur noch von fern ein paarmal den großen Hahn krähen.

Immer mehr näherten sie sich jetzt dem gewaltigen Mondberg. Himmelhoch ragte er in die geisterblaue Nacht vor ihnen auf, steil und spitz.

Hopp! … sprang der Bär und nun waren sie am Ziele ihres großen Rittes: bei der Mondkanone.

Die Mondkanone

Die Mondkanone stand auf einem kleinen grauweißen Hügelchen. Sie war halb darin versunken und musste wohl schon viele Tausend Jahre hier stehen, denn der Mondstaub lag so dick auf ihr, dass nur hie und da noch das Metall des gewaltigen Kanonenrohres ein wenig hervorblitzte.

Aus grauem Silber war dieser Kanonenlauf, noch dicker als ein Regenwasserfass und wohl zehnmal so lang. Eine kleine Leiter lehnte neben der Mündung und nicht weit davon stand ein Kanonenwischer zum Putzen des Laufs. Der Wischer sah aus wie eine mächtige, kreisrunde Igelbürste mit einem langen Stiel daran.

„Wir sind am Ziel der Reise!", sagte jetzt das Sandmännchen. Also kletterten sie eiligst von dem großen Bären herunter, der sich augenblicklich zum Heimgalopp umdrehte. Die drei Abenteurer aber standen am Fuße des himmelhohen Berges und das Sandmännchen nahm eine sehr feierliche Miene an. Jetzt kam nämlich das große Ereignis, dessentwegen sie die Reise gemacht hatten: die Eroberung des Beinchens.

Mit großer Wichtigkeit erklärte der Sandmann den Kindern, dass er sie jetzt in die Kanone hineinladen würde, denn man müsse auf den Berg hinaufgeschossen werden; anders sei es unmöglich, dort hinaufzukommen.

Hoch oben, auf der höchsten Spitze, hauste der Mondmann und dort stand auch in einem kleinen Wald die Birke, an der das Beinchen damals hängen geblieben war.

Der Sandmann ergriff den Kanonenwischer, kletterte auf dem Leiterchen zur Mündung der Kanone und putzte den Lauf umständlich und gründlich. Es war ja, seit der Mondmann damals vor tausend Jahren hinaufgeschossen wurde, nicht mehr daraus geschossen worden; und wenn der Lauf innen nicht so blitzblank war wie eine Kakaobüchse, konnten sich die Kinderchen leicht beim Herausfliegen die Nasen abscheuern.

„Vorwärts, Sumsemann! Rein in die Kanone!", rief das Sandmännchen.

Ja ... wo war denn der? Nirgends war der Maikäfer zu sehen.

„Er hat sich gewiss versteckt, weil er immer so Angst hat", meinte Anneliese. Na, das hatte gerade noch gefehlt!

Um sein Beinchen ging es und da kniff er womöglich im letzten Augenblick aus, der Jammerpipps.

Sie machten sich schleunigst auf die Suche nach dem Auskneifer und richtig! – da lag er hinter der nächsten Felsennase, ganz still und stellte sich tot. Im Augenblick war er gepackt, hochgehoben und, obwohl er wie toll zappelte, köpflings in den Lauf gestopft.

Dann lief das Sandmännchen geschäftig zum hinteren Ende der Kanone, richtete die Mündung nach dem Gipfel des Berges, zielte genau, rief: „Achtung – Augen zumachen!", und riss an der dicken Abzugsschnur.

Bumms! ... gab es einen gewaltigen Knall, ein dicker Dampfstrahl fuhr aus dem Lauf der Kanone und mitten darin sah man den Sumsemann wie ein braunes Kanonenkügelchen gen Himmel sausen.

Der Sandmann beobachtete den Schuss ganz genau. Ja, er hatte gut gezielt, der Maikäfer war oben!

Nun kam Peterchen an die Reihe. Er wurde hochgehoben. „Glück auf der Reise!", sagte das Sandmännchen und ließ ihn sacht in den Kanonenlauf hinunterrutschen. Komisch war's da drin, wirklich wie in einer großen Kakaobüchse! Schnell kniff Peterchen die Augen zu. Im selben

Augenblick gab es auch schon einen Knall rings um ihn herum und …
sirrrrrrr … schwirrte er aus der Kanone, in einem wunderschönen Bogen
himmelwärts den Berg hinauf. Wupp!, da saß er oben auf der Kante des
Berggipfels, dicht neben dem Sumsemann.

Beide guckten sich ganz erstaunt an, aber sie hatten sich noch gar nicht
so recht besonnen – bumms … wupp! – saß auch schon Anneliese neben
ihnen. Sie mussten alle drei über ihre eigenen, erstaunten Gesichter
lachen.

Der Kampf mit dem Mondmann

Dann erhoben sie sich, strichen ihre Hemdchen glatt, nahmen ihre Sachen
und begaben sich auf die Suche nach dem Beinchen. Auf dem Monde war
eigentlich alles sonderbar und wunderlich, aber auf dem Gipfel des Mondberges war es doch am allerseltsamsten.

Bäume standen da, die gar nicht wie Bäume, sondern wie Baum-
gespenster aussahen. Grauweiß waren sie und ganz gebeugt unter der Last

einer uralten Asche, die wohl einst nach großen Stürmen auf dem Monde wie Schnee auf ihre Zweige niedergefallen sein mochte.

Kein Ton war zu hören; kein Vogel sang, kein Lufthauch regte einen Zweig in diesem toten Walde, eisekalt war es und grabesstill ringsum.

Die Kinder hätten sich gewiss sehr gefürchtet, wenn sie die Zeit dazu gehabt hätten, aber sie hatten so viel zu tun mit dem Suchen nach dem Maikäferbeinchen, dass sie gar nicht merkten, wie unheimlich es eigentlich hier oben war.

„Hurra!", schrie Peterchen plötzlich, „da hängt das Beinchen – ich sehe es, ich sehe es!"

Richtig! In der Mitte eines kleinen, mit Mondstaub und Schimmel überzogenen Platzes stand einsam eine tief zugeschneite, kleine Birke. In ihrem Stamm steckte ein langer, rostiger Nagel und an einem roten Bändchen hing daran ein einzelnes Maikäferbeinchen totenstill in der dunklen Luft.

Hellauf jubelten die Kinder und selbst den Sumsemann, dem das Maikäferherz beim Anblick dieses unheimlichen Waldes in das unterste

Rockschlippenende gerutscht war, packte die Freude bei dieser Entdeckung.

Da ereignete sich etwas Unerwartetes.

Hinter einem großen Stein, der neben der Birke lag, sprang plötzlich der Mondmann zähnefletschend und brüllend hervor.

Gräulich sah der Mondmann aus! Riesengroß war er, hatte ein graues, verhungertes Gesicht, so voller Falten und Runzeln wie ein alter Stiefel. Schauderhaft hässlich war sein Mund, eine Schnauze war es fast, mit langen gelben Zähnen; um seinen Kopf starrte verfilztes schmutziges Haar und der Bart hing in wüsten Zotteln auf seine lange eisgraue Kutte; auf dem Rücken baumelte ihm an einem Strick ein großes Reisigbündel und in der einen Hand trug er eine mächtige, blanke Axt.

So stand er vor den beiden kleinen, mutigen Hemdenmätzen und brüllte:

„Was wollt ihr winzigen Würmer hier?

Was wollt ihr in meinem Waldrevier?"

Die Kinder bekamen einen riesigen Schrecken, aber sie nahmen nicht Reißaus. Obwohl Peterchen das Herz gewaltig klopfte, erzählte er nun unerschrocken alles, was er von der Beinchengeschichte wusste.

Als er dann am Schluss seiner Erzählung um die Herausgabe des Beinchens bat, fauchte der Mondmann:

„Du bittest mich sehr? – Was gibst du mir,

Wenn ich es dir gebe, denn wieder dafür?"

Anneliese hielt ihm schnell ihr letztes Äpfelchen hin. Rapps! … hatte er es gefressen und schnüffelte nach Peterchens Körbchen, in dem auch noch einiges übrig war.

Höflich gab es Peterchen … fort war's! Und während der Unhold noch diesen zweiten Apfel schmatzend verschlang, roch er schon die Pfefferkuchen, die der Weihnachtsmann ihnen mit auf die Reise gegeben hatte.

Gierig fraß der wüste Mann die Päckchen mit dem bunten Einwickelpapier und mit dem Bindfaden wie ein Ochse, der Heu frisst. Währenddessen aber schielten seine grünen Augen schon nach dem Hampelmann, den Peterchen unter dem Arm hatte. Nein, das war wirklich toll … da biss er ihn auch schon mittendurch und schluckte ihn herunter, etwa wie unsereiner eine Erdbeere!

Peterchen war noch ganz starr von dem Schreck über diesen Hunger, da griff der Mondmann schon nach Annelieses Püppchen und biss ihm den Kopf ab, dass die Porzellansplitter nur so knisterten zwischen seinen scheußlichen Zähnen. Es war furchtbar!

Anneliese hielt sich beide Augen fest zu und weinte schrecklich. Peterchen verlangte jetzt energisch das Beinchen, denn Äpfelchen, Pfefferkuchen, Hampelmann und Püppchen waren gewiss ein sehr ansehnlicher Kaufpreis. Die Kinder hatten nichts mehr zu verschenken.

Mit glimmrigen Augen guckte der Mondmann sie von oben bis unten an, zog langsam ein riesenlanges Messer aus seinem Kittel, wetzte es sorgfältig an einem großen Stein vor ihnen und schmunzelte und schmatzte dazu vor sich hin:

> „Zwei Menschlein kamen zu mir herauf.
> Mit Haut und Haaren fress ich sie auf!"

Und damit wollte er sich auf die Kinder stürzen.

Was sollten sie nun tun?

In diesem Augenblick geschah etwas ganz Unerwartetes:

Pechfinster wurde es, ein Blitz zuckte und mit himmelerschütterndem Donnerschlag sprang der Donnermann auf den Berggipfel, stürzte sich auf den Mondmann, schlug ihn – krach! – krach! – über den Kopf und stieß ihn mit einem so fürchterlichen Fußtritt vor den Bauch, dass der widerwärtige Menschenfresser wie ein Sack auf dem Boden herumkollerte.

Dann war der Donnermann verschwunden und nur ein fernes Grollen war zu hören. Der Mondmann wälzte sich auf dem Boden und versuchte, wieder auf die Beine zu kommen. Kaum stand er wieder, wollte er sich zum zweiten Mal auf die Kinder stürzen.

Jetzt tauchte mit weit geblähten Backen der dicke Wassermann aus der Tiefe herauf. Ehe sich der Mondmann recht besonnen hatte, schoss ihm aus dem breiten Froschmaul des Wassermanns ein eiskalter Wasserstrahl mit solcher Gewalt mitten ins Gesicht, dass er sich nach hinten überschlug und am Boden herumwälzte.

Aber da kollerte er ein paarmal herum, vorwärts und rückwärts, da war er auch schon wieder auf den Beinen und taumelte auf die Kinder zu.

Zum dritten Male geschah etwas für den Mondmann Unerwartetes:

Rauschend fuhr es aus der Höhe herunter, mit pechschwarzen, riesigen Flügeln. Über den Mondberg hin ging ein Wirbelwind, dass sich die grauen Bäume, die so tot und unbeweglich gestanden hatten, knisternd bogen, gleich Grashälmchen auf einer Wiese. Was war das? Der Sturmriese kam den Kindern zur Hilfe. Mit seinen mächtigen Fäusten riss er im Walde den dicksten Baum aus dem Boden und warf ihn krachend über den Mondmann, der wie ein geprügelter Riesenhund vor Wut und Schmerz aufheulte. Jetzt lag er unter dem Baumstamm festgeklemmt auf dem Boden, konnte sich nicht rühren und brüllte so fürchterlich, dass der ganze Berg davon zitterte.

Doch der Mondmann musste furchtbar stark sein. Er fauchte und zerrte wütend an dem Baum und wirklich bewegte sich der dicke Stamm über ihm von seinem Rütteln. Krick, krack ... brachen ein paar Äste, der Baum rollte schwerfällig herum und der Mondmann kam frei. Dicken Schaum hatte er vor Grimm an der Schnauze. Er griff nach seiner mächtigen, blanken Axt, da ihm das Messer vom Sturmriesen zerbrochen worden war, und stürzte vorwärts ... Da rief Anneliese plötzlich ganz laut: „Sternchen, Sternchen, kommt herbei!"

Ein weißes Leuchten ging vom Himmel nieder und neben den Kindern standen ihre beiden Sternchen mit gegen den Mondmann hoch erhobenen Händen. Blendendes Licht strahlte von diesen Händen gegen die weit aufgerissenen Augen des Unholdes, als er eben die Kinder packen wollte. Er stutzte, als sei er mit einem Hammer vor den Schädel geschlagen, taumelte zurück, ließ die Axt fallen und fuhr sich mit beiden Händen an die Augen.

„Nanu – was ist das? – bin ich blind?", keuchte er, tappte tollpatschig im Walde herum und stieß immerfort, weil er vollkommen geblendet war, mit seinem dicken Kopf an die Bäume und Felsen. „Au!", brüllte er jedes Mal und torkelte wie ein Besessener weiter.

Schließlich hörten sie ihn nur noch ganz fern.

Das Beinchen

Nun hieß es also, schnell das Beinchen zu holen! Peterchen machte sich sofort ans Werk, kletterte an der Birke hinauf und holte es von dem Nagel, an dem es tausend Jahre gebaumelt hatte, während Anneliese unten, die Ärmchen reckend, auf den Zehen stand, um das berühmte Urgroßvater-Beinchen in Empfang zu nehmen.

Es war ein sehr feierlicher Moment!

So! Nun hatte Anneliese das Bein und sie stolzierten mit ihrer Trophäe zum Sumsemann, der sich natürlich schon wieder tot gestellt hatte.

Er lag, als gehöre er überhaupt nicht dazu, in einer Ecke zwischen Gift-pilzen und beschimmelten Steinen, ein braunes, unscheinbares Klümpchen.

Es war gar nicht leicht, ihn zu erkennen. Dann aber suchten sie sich an dem Scheintoten die Stelle für das Beinchen. Peterchen fand ein kleines Loch unter dem dritten, schwarz-weißen Westen-streifen, da musste es bestimmt hin. Anneliese spuckte also tüchtig auf das obere Urgroßvater-Beinchen-Ende und dann drückten sie es mit vereinten Kräften in das Loch hinein.

Als sie mit diesem Geschäft fertig waren, gingen sie mit großer Freude daran, den Maikäfer zu wecken.

Sie rüttelten und schüttelten ihn, aber er war so in Angst, dass er sich toter stellte als jemals vorher.

Schließlich schrie ihm Peterchen in die Ohren: „Herr Sumsemann, sehen Sie sich bitte Ihr Beinchen an!"

Der dicke Kastanienritter schien nicht recht zu begreifen, was er tun sollte, so zögernd sah er nun an sich herunter … Da! Als hätte der Blitz plötzlich vor ihm eingeschlagen, erfasste er, was vorgegangen war. Er sprang auf, kreiselte und tanzte um die Kinder herum und sang:

„Summ – summ – hurra! Summ – summ – hurra!

Mein Beinchen ist da, mein Beinchen ist da!"

Er war mit seinem ausführlichen Freudentanz noch lange nicht fertig, als plötzlich ein wundersam fremder Schein aus dem dunklen Himmel über dem Monde leuchtete.

Der graue Boden bekam eine Farbe gleich grün-rot überlaufenem Silber, auf allen Bäumen und Pflanzen funkelte der Mondstaub wie rosenroter Schnee. Über der höchsten Bergzinne aber sahen die Kinder die liebliche Tochter der Sonne, die Morgenröte. Sie hatte die Arme über das Haupt erhoben, von ihren Händen tropften Rubinfunken und rote Nebel wehten aus ihrem Haar.

Da zupfte der Maikäfer die Kinder leise am Hemdchen, gab ihnen das rechte und das linke Vorderkrällchen und rief mit tiefem Ernst und mit sehr feierlicher Stimme:

„Nun ist sie vorüber, die seltsame Fahrt,

Bei der ihr mir treue Begleiter wart.

Mein Beinchen habe ich endlich wieder,

So wollen wir schnell zur Erde nieder!

Fasst euch bei den Händen und, hört ihr den Spruch,

So schließt eure Augen, in sausendem Fall

Geht's nieder in unser Heimattal."

Die Kinder gehorchen sofort, denn sie fühlten, dass es großer Ernst war, als der Sumsemann dies sagte. Sie umfassten sich also und standen dicht aneinandergeschmiegt. Da öffnete sich der Boden und die drei Abenteurer sanken eng umschlungen hinab in die Tiefe.

Wieder daheim

Da! … Da saßen die Kinder in ihrem Kinderzimmerchen, eng umschlungen, im Nachthemdchen mitten auf dem Tisch! Beide waren so erstaunt, dass sie sich zunächst mit weit aufgerissenen Augen anguckten. Dann platzten sie los und lachten schrecklich.

Alles um sie her war ganz in Ordnung. Schaukelpferd, Puppenstube, Bilderbücher und – hurra: das Püppchen und Hampelhänschen auch, so gesund, als wären sie niemals vom Mondmann aufgefressen worden. Selbst die Körbchen mit den Äpfeln standen hübsch auf dem Tisch, wie die Mutter sie am Abend hingestellt hatte. Sie waren noch damit beschäftigt, all dies jubelnd festzustellen, da schwirrte *Summ!* etwas in der Stube umher!

„Der Maikäfer!", riefen die Kinder wie aus einem Munde und waren im Nu am Fenster und betrachteten den Käfermatz. Er lag da und stellte sich tot. Natürlich, sie hatten ihn auch schauderhaft erschreckt!

Peterchen zählte sofort seine Beinchen. Ja, es waren richtig sechs Beinchen! Also, das Abenteuer war nicht umsonst gewesen, die Beinchen-eroberung war geglückt, wirklich geglückt, und die Sumsemanns waren nach tausend Jahren zu ihrem Recht gekommen durch die Taten Peterchens und Annelieses. Anneliese meinte, man könne es wirklich nicht sehen, dass das Beinchen angeklebt sei, und aus tiefster Überzeugung sagte sie: „Spucke klebt schön!"

Da krabbelte das Käferchen wieder. „Er merkt, dass wir es sind, und fürchtet sich nicht mehr", meinte Peterchen und Anneliese nahm ihn in ihr Händchen. Dann machten sie schnell das Fenster auf. Der kleine Sumsemann aber krabbelte emsig auf den ausgestreckten Zeigefinger Anne-lieses, breitete auf der obersten Spitze seine Flügel aus und … summ … flog er hinaus in den blauen Morgen, über den Garten, über die Wiese, weit, weit!

„Ade, ade, Herr Sumsemann!

Kommen Sie gut zu Hause an!",

riefen sie und winkten ihm nach.

Da kam die Mutter herein, umarmte ihre beiden Kinderchen, gab ihnen einen lieben Gutenmorgenkuss und außerdem – das war eigentlich seltsam! – jedem Kind ein schönes Pfefferkuchenpäckchen mit einem Gruß vom Weihnachtsmann. Nun war es klar – nun war es ganz gewiss, dass die Mutter mit dem Weihnachtsmann eng bekannt und sehr befreundet war, dass sie schon das ganze Abenteuer von ihm wusste und auch die Geschichte vom Mondmann, der alles aufgefressen hatte.

Der Weihnachtsmann hatte natürlich alles gesehen, Püppchen, Hampelmann, Äpfel und Pfefferkuchen; hatte sie aus des Mondmanns Bauch wieder herausgezaubert und der Mutter schnell auf die Erde geschickt, zur Belohnung für die Kinder. Es war ganz gewiss so – es konnte ja gar nicht anders sein! Und hell jubelnd fielen sie ihrer lieben, lieben Mutter um den Hals!

Zwei zauberhafte Abenteuer zum Vorlesen

Die schönsten Abenteuerklassiker zum Vorlesen
Robinson Crusoe · Die Schatzinsel

ISBN 978-3-8112-3384-3, 128 Seiten, durchgehend farbig illustriert
ab 8 Jahren, € 5,– (D) / € 5,20 (A)

Die beiden wohl beliebtesten Abenteuerklassiker gehören zur Weltliteratur und haben junge Leser über Generationen hinweg erfreut – bis heute. Beide Werke wurden neu bearbeitet und auf den wesentlichen Inhalt gekürzt, wodurch der Erzählfluss und die damit vermittelte Spannung noch gewonnen haben.

www.gondolino.de